30일간의 파닉스 여행
with 필기체 한 스푼

30일간의 파닉스 여행
with 필기체 한 스푼

초판 1쇄 발행 2022년 11월 15일

지은이 Jacob Um
펴낸이 장길수
펴낸곳 지식과감성#
출판등록 제2012-000081호

교정 양수진
디자인 이은지
편집 이은지
검수 김우연, 이현
마케팅 고은빛, 정연우

주소 서울시 금천구 벚꽃로298 대륭포스트타워6차 1212호
전화 070-4651-3730~4
팩스 070-4325-7006
이메일 ksbookup@naver.com
홈페이지 www.knsbookup.com

ISBN 979-11-392-0728-6(12740)
값 23,000원

- 이 책의 판권은 지은이에게 있습니다.
- 이 책 내용의 전부 또는 일부를 재사용하려면 반드시 지은이의 서면 동의를 받아야 합니다.
- 잘못된 책은 구입하신 곳에서 바꾸어 드립니다.

지식과감성#
홈페이지 바로가기

Tour of Phonics with A spoon of Cursive Script in 30 days

30일간의 파닉스 여행
with 필기체 한 스푼

Author Jacob Um

발음을 들으면서 연습하세요

필기체 연습 → 파닉스 패턴 → 예제 단어

Preface

『30일간의 파닉스 여행 with 필기체 한 스푼』은 『하루 영어 5문장』과 더불어 영어 회화를 위해 기초부터 종합적이고 효율적으로 공부할 수 있도록 제작된 책입니다. 큰 개념을 중심으로 조금씩 조금씩 실력을 다듬을 수 있도록 로드맵을 만들었으며, 이 시리즈에서 알려주는 순서대로 진행하시면 재미있고, 알차게 영어 공부를 하실 수 있습니다.

『30일간의 파닉스 여행 with 필기체 한 스푼』은 성인과 학생 구별 없이 영어를 처음 접하는 수강생들이 빠르고 쉽게 영어에 다가갈 수 있도록 짜인 파닉스 & 필기체 연습 교재입니다. 파닉스를 공부하는 동시에 필기체 연습을 하여 단어의 규칙을 익히고 동시에 외울 수 있도록 제작했습니다.

파닉스(Phonics)는 영어 발음의 규칙을 구분하여 알려 주는 방식입니다. 처음 영어를 접하면 알파벳 하나하나에 발음이 있다 생각할 수 있으나, 일반적으로 여러 글자가 하나로 합쳐져서 하나의 발음을 이룹니다. 이를 정확히 이해하는 것이 파닉스의 목표입니다. 이 책은 다른 책과 달리 한국어 발음을 기준점으로 제작하였기 때문에 보다 이해하기 쉽습니다. 한국어 발음과 영어의 발음은 다른 것이 많지만, 최대한 이해하기 쉽게 제작하려고 노력하였습니다.

파닉스의 규칙은 처음 접하는 수강생들뿐만 아니라 기존에 영어를 사용하던 수강생들도 단어가 발음되는 규칙을 발견하지 못하는 경우가 있습니다. 이 규칙을 이해하면 단어를 발음으로 외울 수 있어 단어 암기에 훨씬 효율적입니다.

필기체(Cursive writing)는 글씨체 교정으로 공부하시는 분들이 많습니다. 하지만, 이 외에도 장점이 상당히 많습니다.

1. 빠르게 쓸 수 있도록 도와주어 필기 습관 개선에 도움이 됩니다. 장문을 작성 시, 힘을 들이지 않고 빠르게 쓰기 때문에 인쇄체보다 손목이 덜 피로합니다.
2. 단어에 대한 색다른 접근 방법을 제시하여 암기력 향상에 도움이 됩니다.
3. 뇌를 자극하여 좌뇌와 우뇌를 모두 사용하게 도와줍니다.
4. 외국인들이 많이 사용하는 필기체에 익숙해질 수 있습니다. 아직 영어권 이외에도 다양한 나라에서 필기체를 연습하고, 해외에서 그들의 글씨를 알아보려면 필기체도 알 필요가 있습니다.

필기체는 또한 파닉스와 연결하여 배우면 더욱 효율적으로 연습할 수 있으며, 초중등 학생뿐만 아니라 영어를 처음 접하는 성인들에게도 도움이 됩니다. 또한 유학이나 이민을 준비하는 수강생에게도 적합합니다.

『30일간의 파닉스 여행 with 필기체 한 스푼』는 많은 내용을 담고 있지만, 지치지 않으면서 쉽게 공부할 수 있도록 제작했습니다. 발음을 듣고 싶으신 분들은 발음을 따로 녹음하여 유튜브에 올려놨습니다. 표지에 따로 QR코드를 준비하였으니, 스캔해주시면 간편히 검색하실 수 있습니다. 이 교재를 통해 많은 수강생들이 제대로 영어에 대한 첫걸음을 떼길 기대합니다.

2022년 4월 14일 *Jacob Um* (엄현수)

30일간의 파닉스 여행
with 필기체 한 스푼

Preface • 4

교재를 100% 활용하는 법 • 8

필기체를 공부하는 방법 • 9

책의 구성 • 10

Chapter 1. 시작하는 자음 (Initial Consonants) — 12

    Chapter 1-1. 조심해야 할 자음 비교 — 18

Chapter 2. 모음 (Vowels) — 25

    Chapter 2-1. 필기체 연습: 시계 등산가 (c, a, d, g, q) — 27

    Chapter 2-2. 필기체 연습: 고리 모양 패턴 (Loop group) — 45

    Chapter 2-3. 필기체 연습: 연줄 패턴 (1) (Kite string) — 61

    Chapter 2-4. 필기체 연습: 연줄 패턴 (2) (Kite string) — 77

    Chapter 2-5. 필기체 연습: 언덕 & 골짜기 (Hills & Valleys) — 93

    Chapter 2-6. 필기체 연습: 대문자 (Capital letters) — 111

Chapter 3. 두 자음을 빠르게 (consonant blends) — 119

Chapter 4. 두 자음이 모여 하나로! (Digraph Sounds) — 139

Chapter 5. 세 글자가 모여 하나로! (Trigraph Sounds) — 165

Chapter 6. 긴 모음(long vowel)과 삼중음 모음(Vowel Trigraph) — 179

Chapter 7. 특별한 패턴 모음 — 229

교재를 100% 활용하는 법

처음 공부할 땐 단어를 빨리 읽고 넘어가는 게 능사가 아닙니다. 굵게 표시된 부분이 어떻게 발음되는지 확실히 확인하고 해당 패턴과 동일하게 발음하는 연습을 해야 합니다. 그리하여 굵게 표시된 부분이 다른 단어에 똑같은, 혹은 비슷한 순서로 나타난다면 앞서 공부한 단어와 동일하게 읽을 수 있어야 합니다.

기존의 다른 교재보다 다양한 연령층에 다가갈 수 있도록 본 교재의 파닉스는 세 부분으로 이루어져 있습니다.

     1. Beginner Level : 쉬운 단어를 통해 단어의 구조를 이해하는 부분
     2. Intermediate Level : 패턴을 활용한 비교적 긴 단어들을 확인하는 부분
     3. Exercise : 공부한 패턴을 정확히 인지할 수 있는지 확인하는 부분

단어의 선택과 순서에 상당한 노력을 기울였으니, 수강생 여러분은 비록 쉬운 단어일지라도 본 교재에서 배운 패턴을 정확히 숙지하고 해당 패턴에 맞게 정확한 발음으로 연습하시길 바랍니다.

어느 언어를 배우든 예외는 존재하기 마련입니다. 예외는 예외대로 또 규칙이 있으니, 이 교재를 마치고 나서도 예외적인 단어는 별도로 정리하고 암기하시길 바랍니다.

필기체를 공부하는 방법

이 책의 필기체 교습법은 외국에서 가르치는 방식을 최대한 접목하려고 했습니다. 필기체를 연습하는 데 지루함을 느끼지 않도록, 파닉스와 연결하여 중간중간 소개하였습니다.

필기체를 연습하는 순서는 소문자에서 대문자로 연습하며, 소문자는

    1. 시계 등산가 패턴(Clock Climber) : c, a, d, g, q

    2. 고리 모양 패턴(Loop group) : e, l, b, f, h, k

    3. 연줄 패턴(Kite string) : i, u, w, t, j, p, r, s, o

    4. 언덕 & 골짜기(Hills & Valleys) : n, m, v, y, x, z

로 이루어져 있고, 대문자는 A, C, O, U, V, W, X, Y, Z, P, R, D, B, H, K, N, M, I, J, E, L, T, F, Q, S, G의 순서로 간단히 연습할 것입니다.

모든 필기체 알파벳은 앞 글자와 연결하기 위한 커넥터(connector)가 존재합니다. 이 커넥터는 모든 알파벳의 시작이기 때문에, 이를 알지 못하면 글자를 연결하여 쓸 수 없습니다. 연습할 때 가이드 된 내용과 똑같이 따라오시길 바랍니다. 연습은 힘을 들이지 않고 쓸 수 있을 때까지 연습하는 게 중요합니다. 공간이 부족하다면 블로그에 업로드 되어 있는 연습지를 다운받아 연습하시거나, 글자 위에 다시 한번 똑같이 따라 써 보는 것도 좋은 연습이 될 수 있습니다.

책의 구성

필기체

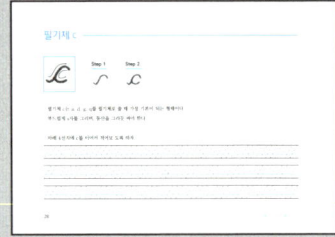 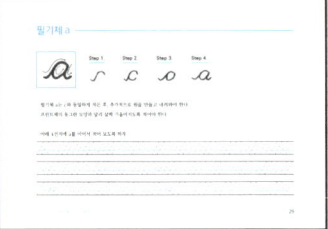

알파벳, 단어, 문장순으로 연습할 수 있도록, 책을 구성했습니다.

또한, 예제 단어 부분에서도 연습하실 수 있도록 공간을 준비했습니다.

파닉스 패턴

각각의 알파벳과 모음, 자음 패턴을 소개하는 부분입니다. 각 패턴의 소개 후, 이를 발음하는 방법을 설명했습니다.

쉽게 이해하실 수 있도록 최대한 한국어의 발음에 맞춰 설명하려고 노력했습니다.

물론, 언어가 다르기 때문에, 발음을 들어 보면서 말하는 것이 중요합니다.

예제 단어

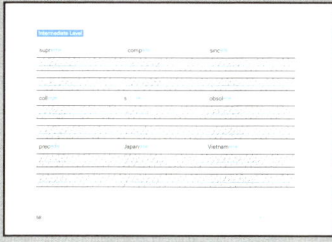 

각 패턴을 연습할 수 있는 단어를 3단계, Beginner level, Intermediate level, Exercise로 구성하였습니다.

각 단어는 필기체로 연습할 수 있도록 연습 공간을 준비했습니다.

각 챕터 중간에 위치한 필기체 연습에서 배운 내용을 생각하며, 연습하셨으면 좋겠습니다.

Fun fact

파닉스 규칙에 벗어나는 예외적인 단어들이나 규칙 혹은 도움이 될 만한 팁을 주로 다루었습니다.

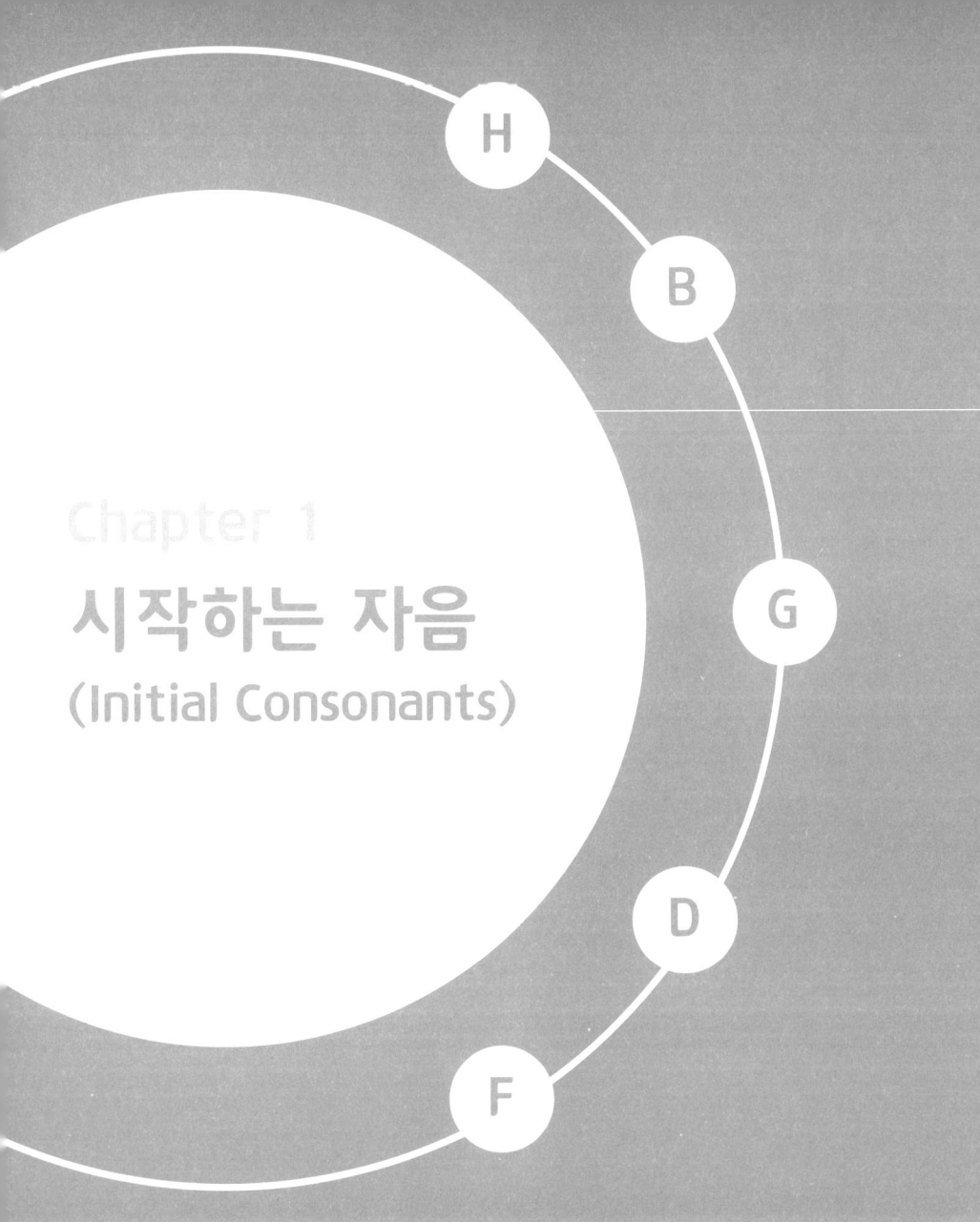

Chapter 1
시작하는 자음
(Initial Consonants)

영어의 자음에는 B(b), C(c), D(d), F(f), G(g), H(h), J(j), K(k), L(l), M(m), N(n), P(p), Q(q), R(r), S(s), T(t), V(v), W(w), X(x), Y(y), Z(z)로 총 21개가 있다.

알파벳은 대문자(capital letter, upper case)와 소문자(lower case)로 구성되어 있다. 꼭 둘 다 기억해야 한다.

대부분의 자음은 한국어와 비교하면 어렵지 않게 이해할 수 있다. 하지만, 영어를 처음 배우는 많은 수강생이 G, J의 (쥐) 발음과, S, X, Z, (ㅈ) 발음을 상당히 어려워한다. 혀를 끄는 듯한 발음이 한국어에는 없기 때문에 발음을 듣고 똑같이 따라 할 수 있도록 연습해야 한다.

또한 이 챕터에선 발음이 먼저 헷갈리지 않는 자음들을 순서대로 배우고, 비슷한 발음을 가진 『F vs. P』, 『V vs. B』 그리고 『R vs. L』 은 따로 나눠서 배우도록 한다.

이번 챕터에서 기억할 것은 총 2가지이다.

1. 한 글자는 2개의 발음을 가지고 있는 경우도 있다.

C : 『Ce__, Ci__』처럼 C 뒤에 e, i, y가 오는 경우 C는 'ㅆ' 발음이 된다.

　　이외에 『Ca__, Co__, Cu__』처럼 C 뒤에 a, o, u가 오는 경우 C는 'ㅋ' 발음이 된다.

G : 『Ge__, Gi__』처럼 G 뒤에 e, i, y가 오는 경우 G는 '쥐(zh)' 발음이 된다. 참고로 '쥐'는 짧은 발음(dʒ)과 길게 발음될 수 있는 발음

　　(ʒ)이 있다.

이외에 『Ga__, Go__, Gu__』처럼 G뒤에 a, o, u가 오는 경우 G는 'ㄱ'발음이 된다.

S (X) : S와 X 모두 'ㅆ(S)' 발음과 'ㅈ(z)' 발음을 가지고 있다. 추가적으로 S는 특정 형태에서 '긴 쥐(ʒ)'로 발음이 된다. 『-sion,

　　-sure, -sual』, 『명사's』의 경우가 '긴 쥐(ʒ)' 발음에 해당하는 대표적인 경우이다.

2. Y는 자음과 모음으로 둘 다 사용되지만, 굳이 구분하지 않는다. 대신, Y는 I와 발음이 같다.

파닉스를 배울 때는 설명된 규칙에 신경을 쓰되, 그 규칙에 해당하는 발음에 집중하는 게 가장 중요하다. 너무 세세하게 규칙을 다 보려고 하기보다는 공통된 글자의 패턴을 파악하고 예제를 통해 발음을 해 보며 연습하도록 한다. 결론적으로는 한국어 발음과 비슷한 것이 있지만, 한국어와 똑같지 않은 발음들이 있기 때문에, 주의하면서 발음해야 한다는 것을 잊지 말도록 한다.

다음 표를 보며 정확하게 발음을 보도록 하자.

알파벳	발음	발음	발음
B (b)	ㅂ		
C (c)	ㅋ	ㅆ	
	c+e, i, y의 경우, c는 'ㅆ' 발음 : cell, cinema, fancy		
	c+a, o, u의 경우, c는 'ㅋ' 발음 : cancel, cocoa, culture		
D (d)	ㄷ		
G (g)	ㄱ	쥐	
	g+e, i, y의 경우, g는 '쥐' 발음 : gel, gin, gym * 예외: girl, give 등등		
	g+a, o, u의 경우, g는 'ㄱ' 발음 : game, go, guard		
	* (쥐) 발음은 입술을 쭉 내민 상태에서 입술을 고정한 상태에서 발음한다. 한국어의 (쥐)는 입술이 풀리니, 입술을 풀지 않도록 주의해야 한다.		
H (h)	ㅎ		
	Fun fact 대부분의 영어권에서 'h'는 '에이취'로 발음을 한다. 하지만 호주에서는 'h'를 '헤이취'로 발음한다.		
J (j)	쥐		
K (k)	ㅋ		
M (m)	ㅁ		
N (n)	ㄴ		
P (p)	ㅍ		
Q (q)	ㅋ		
	Fun fact 중국어로 된 명칭이나 중국어의 영향을 받은 단어는 'q'를 'ㅊ'으로 발음할 수도 있다.		

알파벳	발음	발음	발음	
S (s)	ㅆ	ㅈ	쥐	
	(ㅆ) : sap, skip, cooks, laughs, drops, trusts, births, boss			
	(ㅈ) : as, his, lose, museum, cousin, season, eyes, finds			
	(쥐) : invasion, decision, closure, Asia			
	Fun fact 'ㅅ'과 'ㅆ'을 구별할 수 있는 나라는 전 세계적으로 거의 없다.			
T (t)	ㅌ			
W (w)	우			
	Fun fact 한국어로는 모음에 해당할지 모르나, 영어에서는 자음이다.			
X (x)	ㅆ	ㅈ		
Y (y)	이			
	Fun fact Y는 모음과 자음으로 둘 다 구분이 되나, 발음상 같기 때문에 구분할 이유가 없다.			
Z (z)	ㅈ			

MEMO

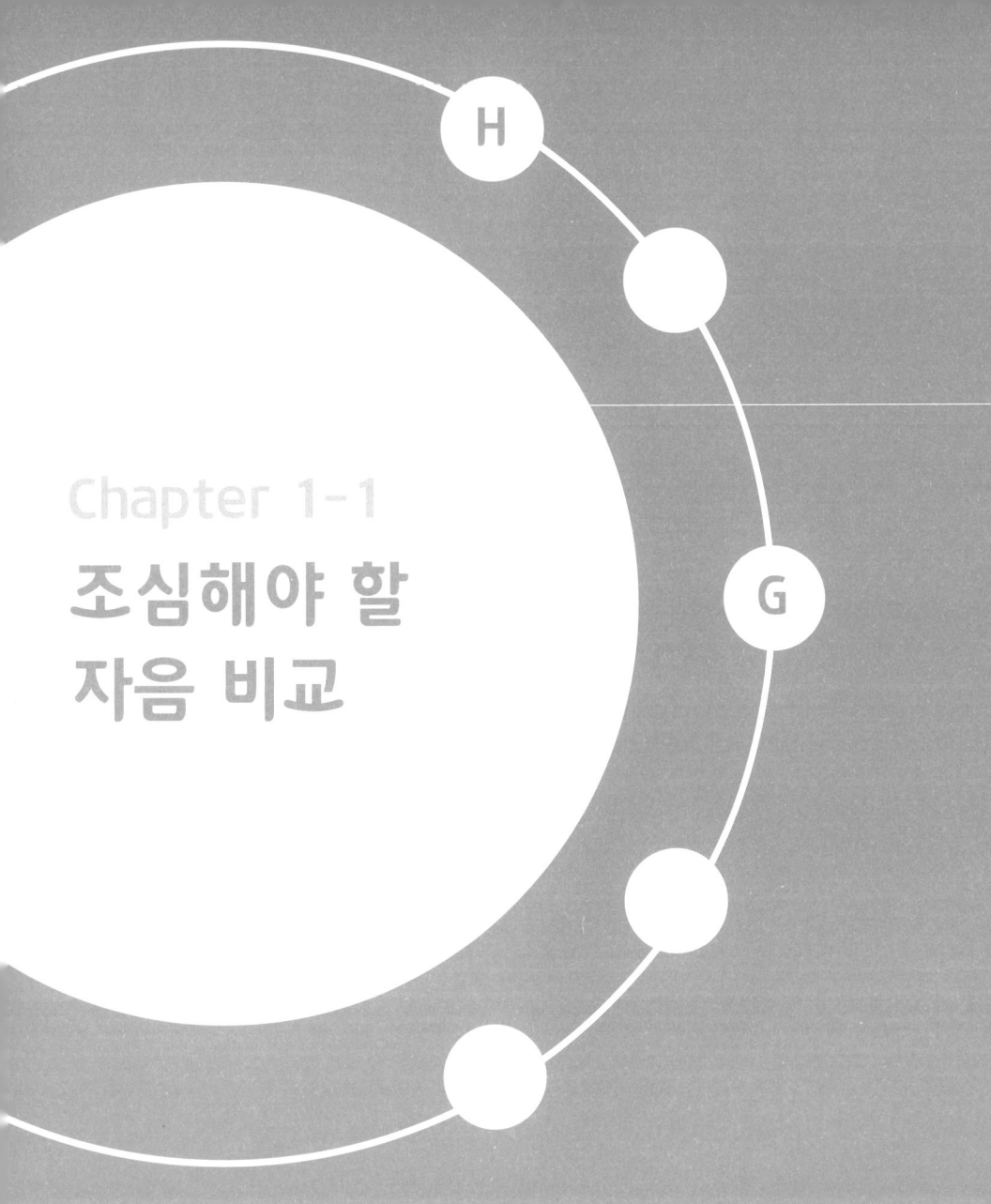

Chapter 1-1
조심해야 할 자음 비교

이 챕터에서는 발음이 나지 않는(unvoiced) 발음에 대해 이해하고 혀끝에서 발음이 나는 경우에 대해 공부하도록 한다.

『F vs. P』, 『V vs. B』는 대표적으로 공기를 이용해서 발음하는 경우이다. 음을 내려고 노력하면 안 되고, 공기 소리로 발음하려고 노력해야 한다.

『R vs. L』은 혀끝이 어디에 있는가에 따라 발음이 구분이 된다. 한국어의 (ㄹ)과는 다른 위치에 있기 때문에 구분할 필요가 있으며, 영어를 처음 배우는 수강생들에게는 어렵기 때문에 따로 나눠서 배우도록 한다.

F(f) vs. P(p)

'P(p)'는 (ㅍ)과 동일한 발음으로 편안하게 발음하면 된다. 하지만 'F(f)'의 경우 발음할 때 공기 소리가 들어가야 한다. 공기 소리를 내는 데 주된 역할을 하는 것은 입 모양이다. 앞니로 아랫입술을 반쯤 잡고 바람을 내뱉어야 한다. 바람이 나가는 소리가 들리면서 (ㅍ)과 (ㅎ)이 합쳐진 소리가 들릴 것이다. 이 상태가 'F(f)' 발음이다. 다음 단어들을 발음해 보며 차이점을 느껴 보도록 하자.

fork vs. pork	포크 vs. 돼지고기	frank vs. prank	솔직한 vs. 장난
full vs. pull	가득 찬 vs. 당기다	fee vs. pee	요금 vs. 오줌을 누다
face vs. pace	얼굴 vs. 속도	ferry vs. parry	여객선 vs. 쳐내다
fair vs. pair	공평한 vs. 짝을 짓다	flea vs. plea	벼룩 vs. 간청
		feel vs. peel	느끼다 vs. 껍질을 벗기다

위 단어들을 보면 알다시피, 'f'와 'p'의 발음을 잘못하면 전혀 다른 단어가 된다. 이는 영어를 처음 배우는 입장에서는 큰 차이가 아닐지 모르겠으나, 영어를 하는 사람들에게는 아주 큰 차이로 들린다. 한국어를 배우는 외국인들이 한국어 발음에 익숙하지 못해 우리가 못 알아듣는 것 이상으로 문제가 심각해질 수 있다.

Fun fact 'ph'도 'f'와 같은 발음이다. 절대 'p' 발음이 아니다.

V(v) vs. B(b)

'B(b)'는 (ㅂ)와 동일한 발음으로 편안하게 발음하면 된다. 하지만 'V(v)'의 경우 발음할 때 'f'와 동일하게 공기 소리가 들어가야 한다. 그렇기에 (v) 발음 역시 (f)처럼 입 모양을 만들어야 한다. 다음 단어들을 발음해 보고 차이점을 느껴 보도록 하자.

van vs. ban	화물차 vs. 금지하다	very vs. berry	매우 vs. 산딸기류
vet vs. bet	수의사 vs. 내기하다	voice vs. boys	목소리 vs. 소년들
love vs. (ear) lobe	사랑 vs. 귓불	vase vs. base	꽃병 vs. 근거지
vest vs. best	조끼 vs. 최고의	vail vs. bail	축의금 vs. 보석금
		veal vs. beal	송아지 고기 vs. 빌

위 단어들 역시 발음은 비슷하지만, 의미가 완전히 다른 단어들이다. 우리가 (ㅂ)로 발음을 하는 많은 단어가 실제로는 (b)가 아니라 (v)일 수가 있다. 예를 들어 '백신'을 보자. 백신은 한자어가 아닌 영어인데, 이를 한국어처럼 'ㅂ'로 발음한다면 상대방이 '뭐라고?'라는 표정을 지을 수 있다. 백신은 'vaccine'이라는 단어로, 'baccine'이 아니다.

또 다른 예제를 보면 '박테리아'도 있다. 박테리아는 많은 수강생들이 'v'로 발음하는 단어지만, 실제로는 'bacteria'다. 카페에 많이 간다면 '바닐라'라는 단어도 많이 사용할 것이다. 바닐라는 'ㅂ' 발음이 아닌 'v' 발음으로 스펠링은 'vanilla'이다. 이와 같이 실생활에서 우리는 영단어를 많이 사용하지만, 실제로 영어를 할 때는 발음 때문에 막힐 때가 많다. 이를 주의하며 단어를 꼭 외우는 습관을 가져야 할 것이다.

R(r) vs. L(l)

'F(f) vs. P(p)'나 'V(v) vs. B(b)'와 달리 'R(r)'과 'L(l)'의 차이는 혀끝이 어디에서 시작하는지에 따라 구분이 된다.

'R(r)'의 경우 혀끝이 아무 데도 닿아서는 안 되고 공중에 떠 있어야 한다. 그렇다고 너무 뒤로 구부리지 않아도 된다. 너무 구부리면 혀가 금세 피곤해지고 영국 발음에서는 미국 발음과 달리 덜 구부려 발음하기 때문에, 덜 구부려도 'r'을 구분하는 데 전혀 문제가 없다.

'L(l)'은 혀끝이 앞니 뒤에 붙어서 시작한다. 앞니가 붙어 있는 잇몸과 앞니와 가운데에 혀끝을 놓고 발음을 시작하면 된다.

혀끝에 집중하며 다음 단어들을 발음해 보자.

red vs. led	빨간 vs. 이끌어진	crown vs. clown	왕관 vs. 광대
rice vs. lice	쌀 vs. 머릿니	breed vs. bleed	새끼를 낳다 vs. 피를 흘리다
car vs. call	차 vs. 부르다	frank vs. flank	솔직한 vs. 측면
race vs. lace	경주 vs. 레이스(끈)	brake vs. Blake	브레이크 vs. 블레이크
		drink vs. blink	마시다 vs. 눈을 깜빡이다

위 단어들을 보면 지금까지 봐 왔던 헷갈리는 발음들처럼 혀끝을 잘못 움직이면 듣는 이가 받아들이는 뜻이 상당히 달라질 것이라고 생각할 수 있을 것이다. 특히 'R(r)'은 한국인들이 발음하기 힘들어하는 알파벳이니, 꼭 추가적인 연습을 하도록 하자.

MEMO

Chapter 2
모음
(Vowels)

앞서 자음을 전부 공부했다면, 이제 모음을 공부할 차례이다. 모음은 A(a), E(e), I(i), O(o), U(u)가 있고, I(i)와 같은 발음인 Y(y)도 모음에 포함된다.

모음은 자음과 다르게 알파벳 하나만으로 발음하지 않는 경우가 많다. 예를 들어, (a)는 (a)만으로 발음을 할 때가 있고, 『(a)+자음』의 형태를 하나로 보고 (a) 발음하는 경우가 있고, 『(a)+자음+(e)』의 순서를 하나로 보고 (a)를 발음하는 경우도 있다. 이외에도 긴 모음이나 특수한 형태로 발음 나는 경우도 있다.

이번 챕터에서는 『모음+자음』과 『모음+자음+e』의 형태로 배열되었을 때 모음이 어떻게 발음되는지 보도록 하겠다.

Fun fact 강세가 붙는 모음은 긴 모음으로 취급되어, 원래 모음의 발음이 되기도 한다. * (a)는 '에이', (e)는 '이', (i)는 '아이', (u)는 '유', (o)는 '오우'로 발음된다.

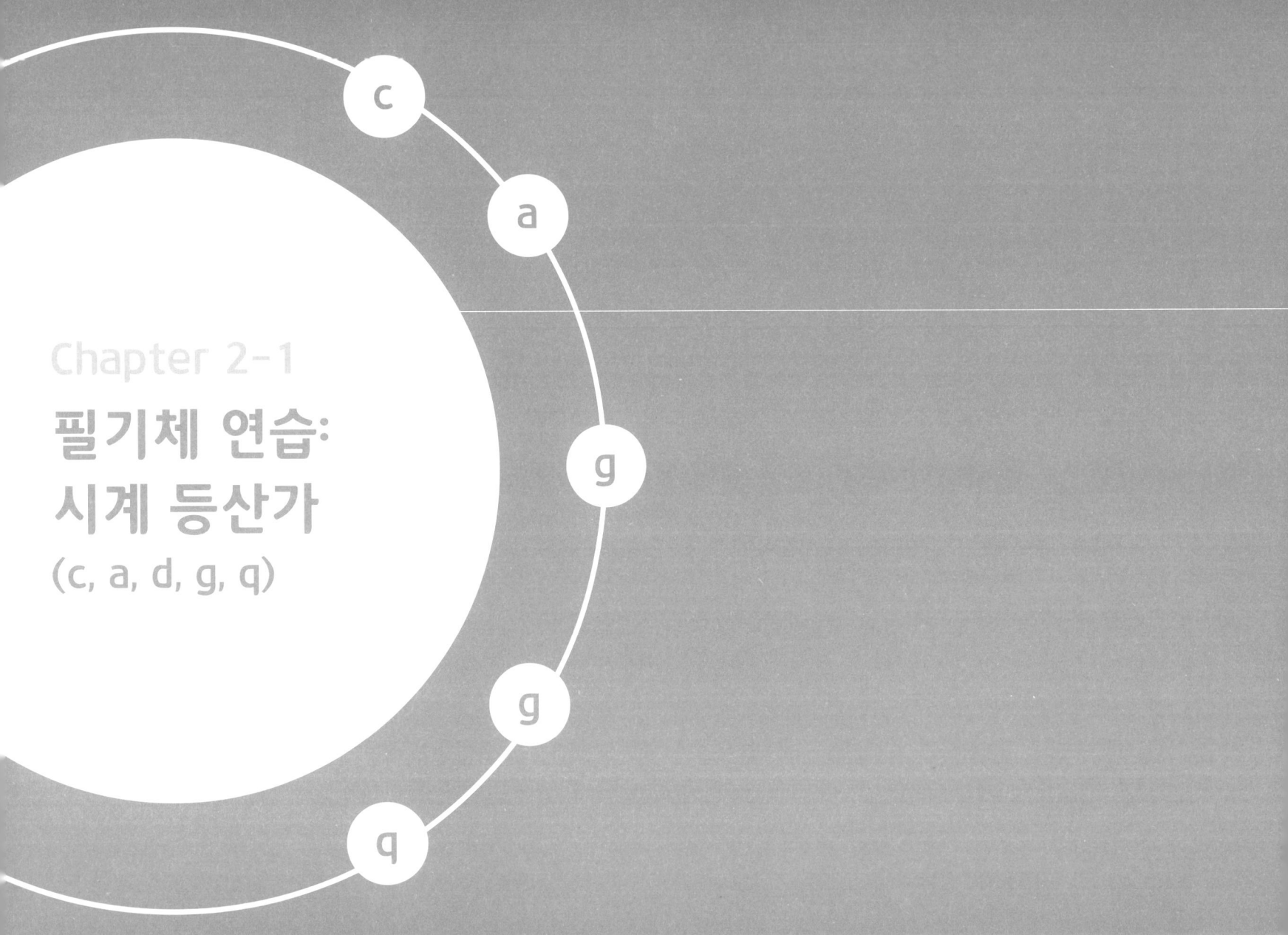

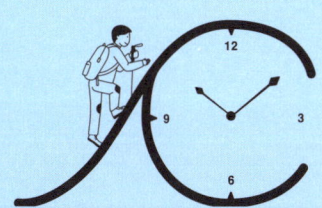

필기체 소문자 c, a, d, g, q는 동그란 모양을 가지고 있다. 이 모양은 시계를 등반하는 등산가(clock climber)처럼 생겼다.

이 알파벳들을 빠르고 제대로 쓰기 위해선, 각 알파벳에 소개되어 있는 (step 1)모양을 제대로 써야 한다. 동그랗게 (s) 모양을 그리며 시계 방향으로 올라가야 예쁜 모양으로 글을 쓸 수 있다.

진행하기 전에 loop를 연습해 보도록 하자.

필기체 c

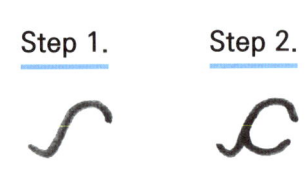

Step 1.   Step 2.

필기체 c는 a, d, g, q를 필기체로 쓸 때 가장 기본이 되는 형태이다.
부드럽게 s자를 그리며, 동산을 그리듯 써야 한다.

아래 4선지에 c를 이어서 적어보 도록 하자.

필기체 a

Step 1. Step 2. Step 3. Step 4.

필기체 a는 c와 동일하게 적은 후, 추가적으로 원을 만들고 내려와야 한다.
프린트체의 동그란 모양과 달리 살짝 기울어지도록 적어야 한다.

아래 4선지에 a를 이어서 적어 보도록 하자.

필기체 d

Step 1.   Step 2.   Step 3.   Step 4.

필기체 d는 a와 비슷하지만, Step 3에서 원을 만드는 것을 넘어, 선 끝까지 올려서 적어야 한다.
이 역시 프린트체와 달리 살짝 기울어지도록 적어야 한다.

아래 4선지에 d를 이어서 적어 보도록 하자.

필기체 g

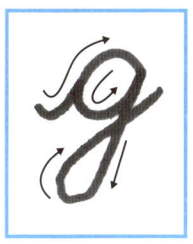

Step 1. Step 2. Step 3. Step 4. Step 5.

필기체 g는 a와 비슷하지만, 동그랗게 원형을 만든 뒤, 아래 선의 끝까지 쭉 내려 적어야 한다.
너무 일찍 선을 구부리지 말고, 아래 선 끝까지 일직선으로 내려 적도록 한다.

아래 4선지에 g를 이어서 적어 보도록 하자.

필기체 q

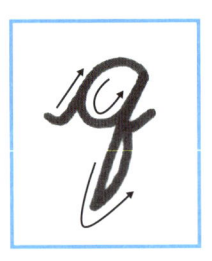

Step 1. Step 2. Step 3. Step 4. Step 5.

필기체 q는 g와 step 4까지는 똑같지만, 선의 맨 끝에서 오른쪽으로 진행하며 약간의 차이를 보인다.

아래 4선지에 q를 이어서 적어 보도록 하자.

MEMO

A (a)

『a+자음』의 형태에서 (a)는 '애'로 발음된다. 자음 자리에 b, c, d 등의 자음을 넣어 『애+자음』의 발음으로 동시에 해 줘야 한다.

ex ab = 애 + ㅂ = 앱

  ac = 애 + ㅋ = 액

  ad = 애 + ㄷ = 앧

Beginner Level

cab   sac   lab

dad　　　　　　　　　lad　　　　　　　　　bag

tag　　　　　　　　　fan　　　　　　　　　can

dam　　　　　　　　　ram　　　　　　　　　cap

Chapter 2-1. 필기체 연습: 시계 등산가 (c, a, d, g, q)

gap	apple	gas
bass	fat	bat

Intermediate level

labyrinth factory hamster

sample dagger daffodil

jamboree absent January

Exercise

fancy   brag   ladder

class   happen   format

vampire   master   example

a+자음+e

『a+자음+e』의 형태에서 (a)는 (a)의 원래 발음인 '에이'로 발음된다. 예를 들어 (ap)는 한국어로 '앱'이라고 발음되지만, (ape)는 '에이프'로 발음이 되며, (am)는 '앰'이라고 발음되지만, 'ame'는 '에임'으로 발음이 되는 규칙이다.

ex abe = 에이 + ㅂ = 에이브
    ace = 에이 + ㅆ = 에이쓰
    ade = 에이 + ㄷ = 에이드

다음 단어들을 보며, 그 차이를 명확히 보도록 하자.

mad vs. made	매드 vs. 메이드	hat vs. hate	햇 vs. 헤이트
gap vs. gape	갭 vs. 게이프	can vs. cane	캔 vs. 케인
rat vs. rate	랫 vs. 레이트	van vs. vane	밴 vs. 베인
fat vs. fate	팻 vs. 페이트	Sam vs. same	쌤 vs. 쎄임
		past vs. paste	패스트 vs. 페이스트

Beginner Level (1)

fade race male

sale trade sage

name lake plane

Beginner Level (2)

grape	tape	gate

plate	crave	wave

brave	blaze	amaze

Chapter 2-1. 필기체 연습: 시계 등산가 (c, a, d, g, q)

Intermediate Level

escape　　　　　　　　mundane　　　　　　　　calculate

mistake　　　　　　　　persuade　　　　　　　　donate

behave　　　　　　　　embrace　　　　　　　　translate

Exercise

gaze　　　　　　　　　scale　　　　　　　　　brake

shave　　　　　　　　erase　　　　　　　　　hesitate

migrate　　　　　　　eliminate　　　　　　　indicate

Chapter 2-1. 필기체 연습: 시계 등산가 (c, a, d, g, q)

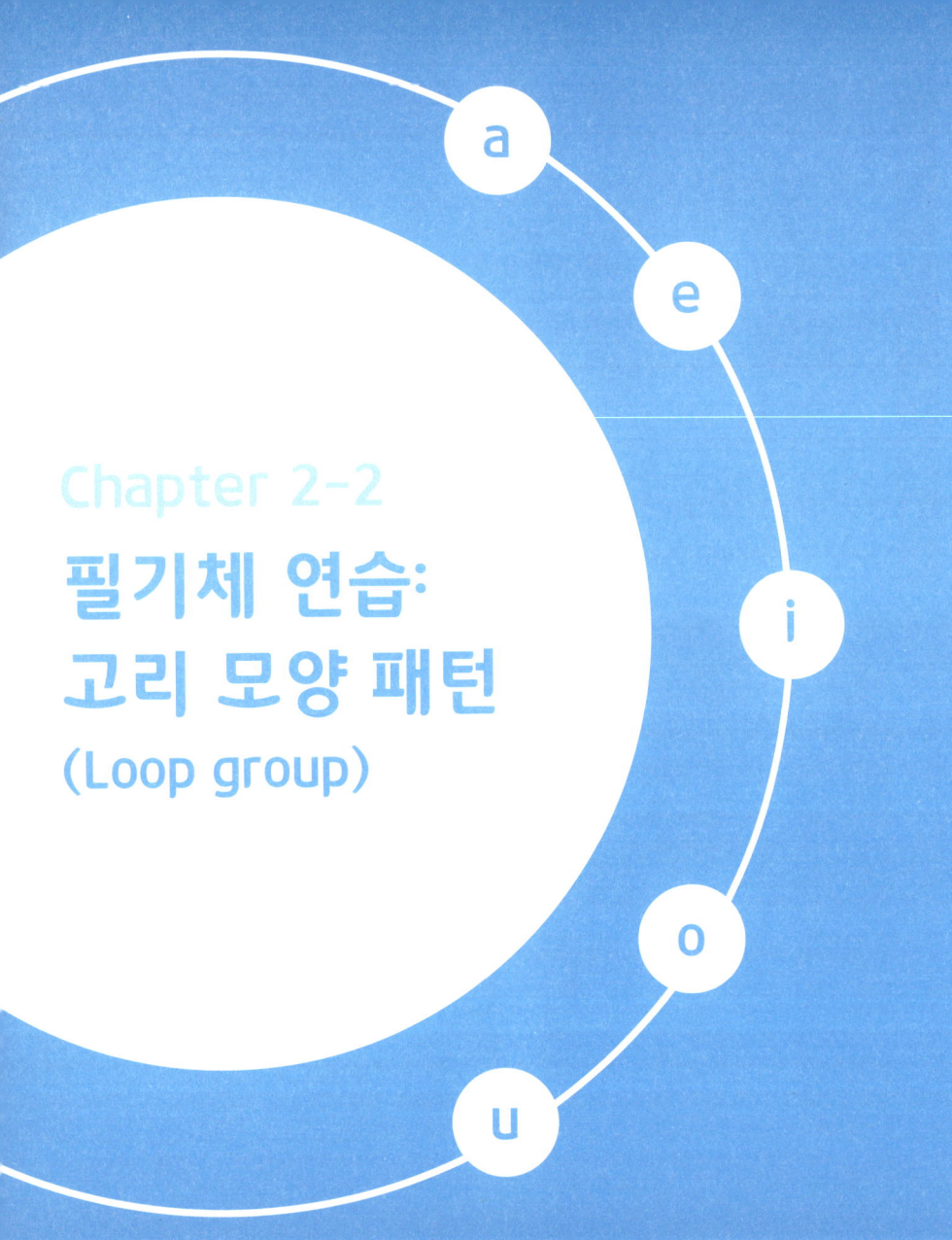

Chapter 2-2
필기체 연습:
고리 모양 패턴
(Loop group)

필기체 소문자 e, i, b, f, h, k의 시작은 반시계 방향으로 아래에서 위로 시작을 한다.

이 모양은 고리(loop)처럼 생겼다.

진행하기 전에 loop를 연습해 보도록 하자.

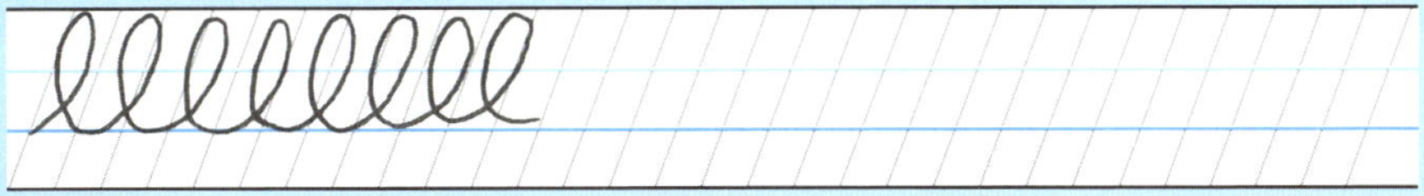

필기체 e

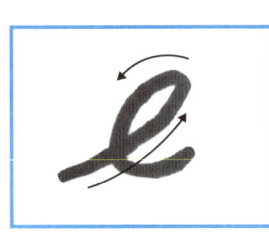

Step 1.   Step 2.

소문자 (e)를 적을 때는 c처럼 적어야 예쁘다.

아래 4선지에 e를 이어서 적어 보도록 하자.

필기체 l

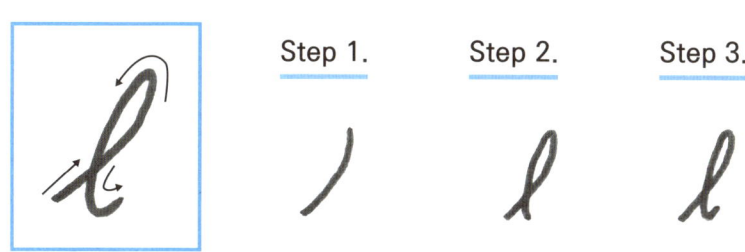

Step 2처럼 반시계 방향으로 내리그을 때, 너무 둥글게 하면 글씨체가 뚱뚱하게 보일 수가 있기 때문에, 얇은 타원형을 그리는 느낌으로 내려와야 한다.

아래 4선지에 l을 이어서 적어 보도록 하자.

Chapter 2-2. 필기체 연습: 고리 모양 패턴 (Loop group)

필기체 b

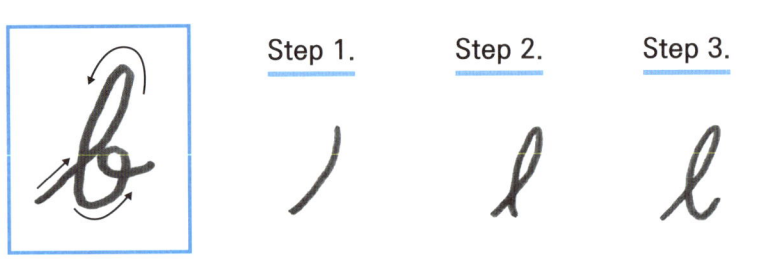

필기체 b를 예쁘게 적고 싶다면, step 3에서 동그라미를 너무 크게 적어서는 안 된다.

아래 4선지에 b를 이어서 적어 보도록 하자.

필기체 f

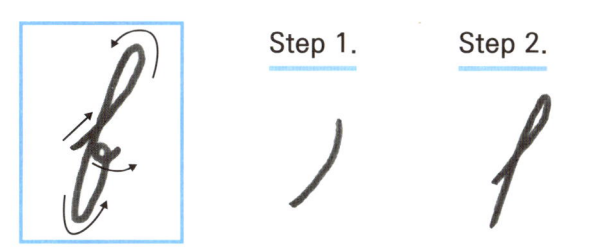
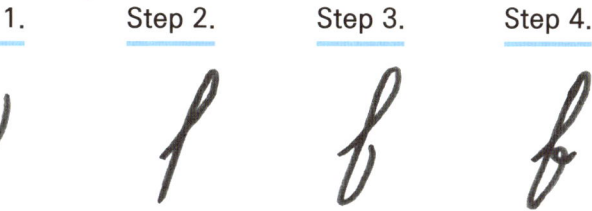

필기체 f는 프린트체와 많이 다르게 생겼다. Step 2에서 뼈대가 되는 오른쪽 선을 길게 내려와야 한다. 그 후 Step3, 4에서 네모 한 칸을 올라와 끝을 동그랗게 만들면 된다.

아래 4선지에 f를 이어서 적어 보도록 하자.

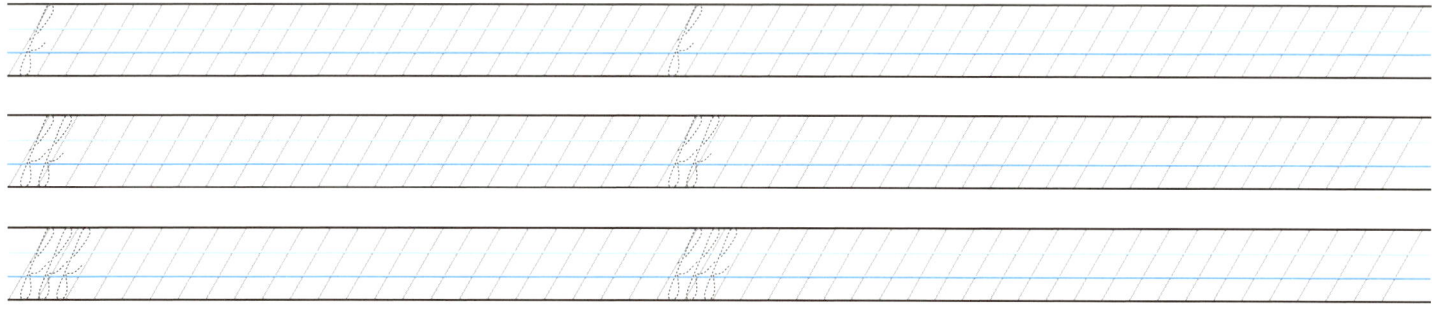

필기체 h

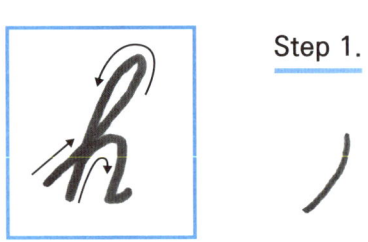

Step 1. Step 2. Step 3.

Step 2에서 3번째 줄로 내려그을 때 90°로 내리지 말고, 기울여서 내리길 바란다.

Step 3에서 n처럼 둥그렇게 쓰되, 넓이가 너무 넓으면 예쁘지 않다.

아래 4선지에 h를 이어서 적어 보도록 하자.

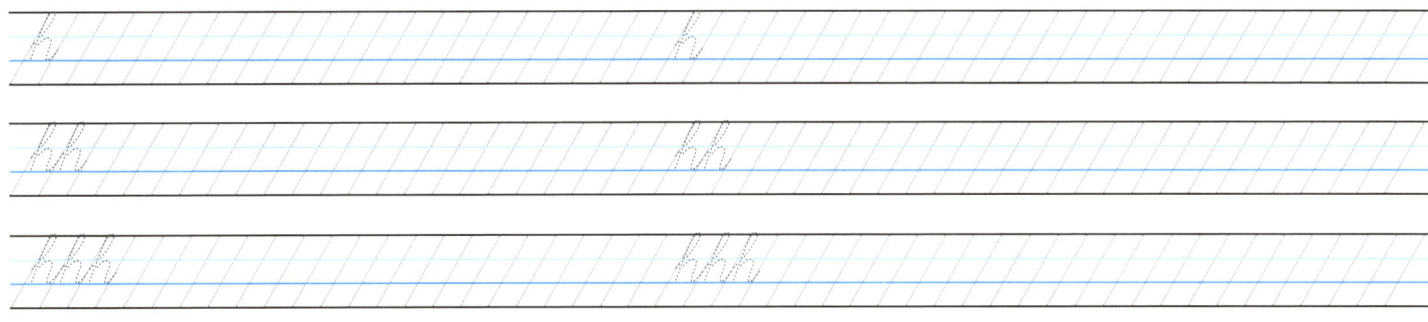

필기체 k

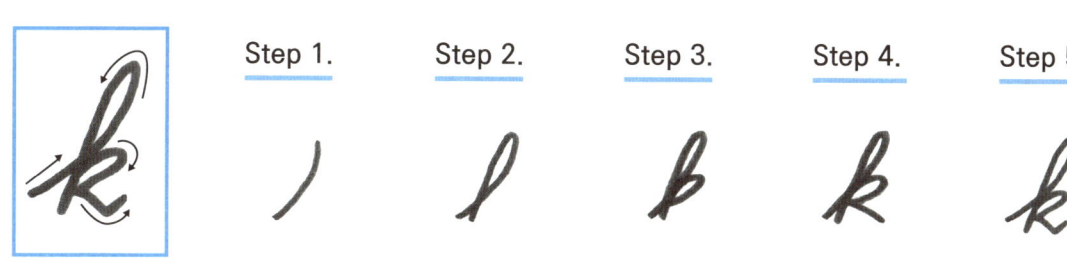

필기체 k는 프린트체와 많이 다르게 생겼다. Step 2에서 뼈대가 되는 오른쪽 선을 길게 내려와야 한다. 그 후 Step3, 4에서 네모 한 칸을 올라와 끝을 동그랗게 만들면 된다.

아래 4선지에 k를 이어서 적어 보도록 하자.

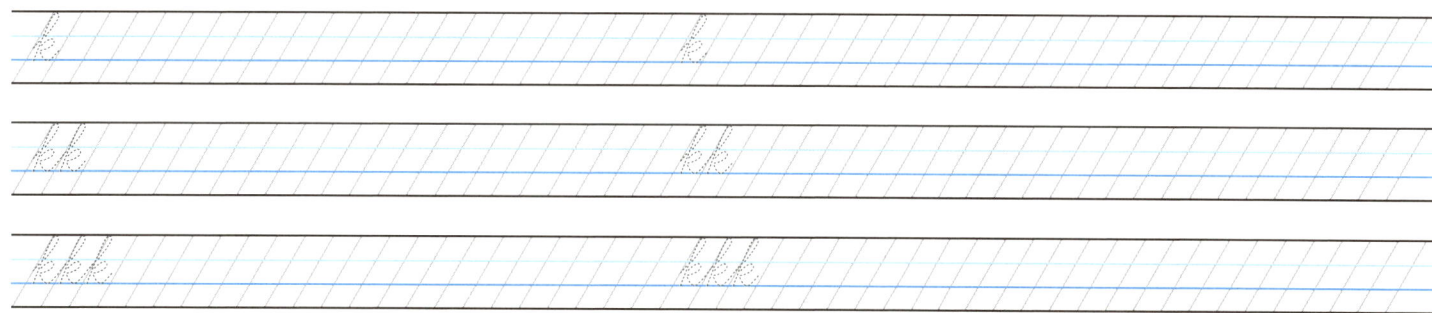

E (e)

『e+자음』의 형태에서 (e)는 '에'로 발음된다. 『a+자음』에서의 (a)와 발음인 'æ'와 비슷하기 때문에 발음상 『e+자음』과 『a+자음』에서의 (e)와 (a)를 구분하기란 거의 불가능하다. 즉 자세한 스펠링은 외울 수밖에 없다.

자음 자리에 b, c, d 등의 자음을 넣어 『에+자음』의 발음을 해 줘야 한다.

ex eb = 에 + ㅂ = 엡
    ec = 에 + ㅋ = 엑
    ed = 에 + ㄷ = 엗

동사의 과거형인 '-ed'와 여기서 말하는 'ed'는 차이가 있다. 동사의 과거형을 말해 줄 때의 '-ed'는 발음상 '으드' 발음을 붙이는 것이고(이때 '으'는 작게 발음해야 한다.), 여기서의 'ed'는 '엗(엣)' 발음이다.

Beginner Level

beg	set	ten
beg	set	ten
beg	set	ten

tell	egg	pen
tell	egg	pen
tell	egg	pen

leg	pet	end
leg	pet	end
leg	pet	end

Intermediate Level

empire   empty   enter

empire   empty   enter

letter   dense   press

letter   dense   press

system   ketchup   detective

system   ketchup   detective

Exercise

bed	gel	etch

edit	ticket	accept

embassy	segment	regular

Chapter 2-2. 필기체 연습: 고리 모양 패턴 (Loop group)

e+자음+e

『e+자음+e』의 형태에서 앞에 위치한 (e)는 (e)의 원래 발음인 '이'로 발음된다. 예를 들어 (es)는 한국어로 '에쓰'라고 발음되지만, (ese)는 '이즈'로 발음이 되며, (eb)는 '엡'이라고 발음되지만, 'ebe'는 '이브'로 발음이 되는 규칙이다.

ex ese = 이 + ㅈ = 이즈

 ene = 이 + ㄴ = 인

 ede = 이 + ㄷ = 이드

다음 단어들을 보며, 그 차이를 명확히 보도록 하자.

pet vs. Pete	펫 vs. 핏트	bet vs. betel	벳 vs. 비틀
Feb vs. Febe	페브 vs. 피브	her vs. here	헐 vs. 히얼
let vs. complete	렛 vs. 컴플리트	them vs. theme	뎀 vs. 씸

Beginner Level

m**eme**　　　　　　　　g**ene**　　　　　　　　sc**ene**

meme　　　　　　　　*gene*　　　　　　　　*scene*

meme　　　　　　　　*gene*　　　　　　　　*scene*

ser**ene**　　　　　　　　ob**ese**　　　　　　　　th**ese**

serene　　　　　　　　*obese*　　　　　　　　*these*

serene　　　　　　　　*obese*　　　　　　　　*these*

d**elete**　　　　　　　　s**el**ect　　　　　　　　concr**ete**

delete　　　　　　　　*select*　　　　　　　　*concrete*

delete　　　　　　　　*select*　　　　　　　　*concrete*

Chapter 2-2. 필기체 연습: 고리 모양 패턴 (Loop group)

Intermediate Level

supr**eme** compl**ete** sinc**ere**

coll**ege** s**evere** obsol**ete**

prec**ede** Japan**ese** Vietnam**ese**

Exercise

| accede | concede | adhere |

| secede | Sweden | extreme |

| interfere | persevere | Chinese |

Chapter 2-3
필기체 연습:
연줄 패턴 (1)
(Kite string)

필기체 소문자 i, u, w, t, j, p, r, s, o의 시작은 하늘에 있는 연에 연줄이 닿은 것처럼 45°를 기울여 위로 향한다.

이 모양은 설명과 같이 연줄(Kite string)처럼 생겼다.

이 소문자들의 시작은 언제나 같다는 것을 잊어서는 안 된다.

이번 챕터에서는 먼저 i, u, w, t를 연습하도록 한다.

진행하기 전에 loop를 연습해 보도록 하자.

필기체 i

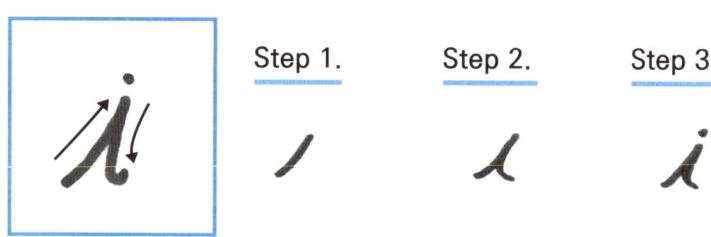

필기체 i를 쓸 때의 주의점으로는 Step 1에서 2로 이어서 쓸 땐 (e), (l)과 다르게 타원형을 그리면 안 된다.

Step 1에서 쓴 것을 따라 내려쓰다가 오른쪽으로 갈라 써야 한다. i는 위에 점이 있는데, 단어를 쓰다가 중간에 펜을 종이에서 떼지 않아야 하기 때문에, 이 점은 단어를 다 쓰고 난 후에 마지막에 찍어 주면 된다.

Step3, 4에서 네모 한 칸을 올라와 끝을 동그랗게 만들면 된다.

아래 4선지에 i를 이어서 적어 보도록 하자.

필기체 u

필기체 u를 쓸 때의 주의점으로는 필기체 i와 마찬가지고 타원형을 만들지 않게, 선이 겹치도록 쓰는 게 중요하다.

아래 4선지에 u를 이어서 적어 보도록 하자.

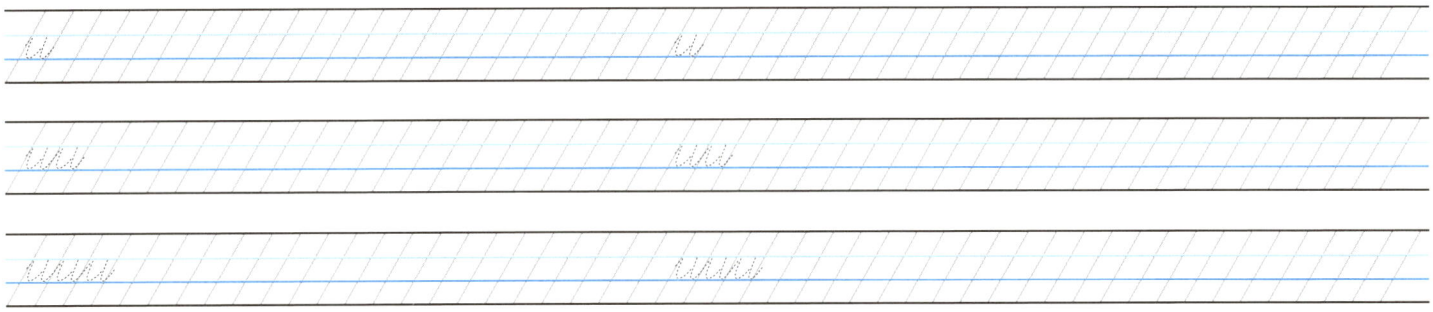

필기체 w

Step 1.　　Step 2.　　Step 3.　　Step 4.

필기체 w는 필기체 u와 비슷한 형태이지만, 글자의 크기가 같아야 하므로 그 폭을 좁게 해야 한다.

아래 4선지에 w를 이어서 적어 보도록 하자.

필기체 t

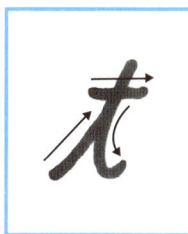

Step 1. Step 2. Step 3.

필기체 t는 필기체 i와 비슷한 형태이지만, 점을 찍는 대신 짧게 선을 적어야 한다.

아래 4선지에 t를 이어서 적어 보도록 하자.

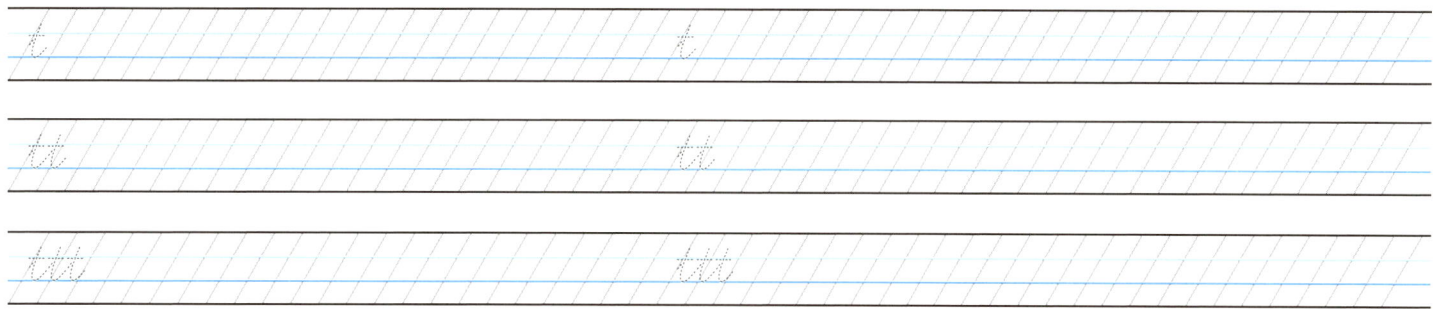

I (i)

『i+자음』의 형태에서 (i)는 '이'로 발음된다. 자음 자리에 b, c, d 등의 자음을 넣어 『이+자음』의 발음을 해 줘야 한다.

ex ib = 이 + ㅂ = 입
     ic = 이 + ㅋ = 익
     id = 이 + ㄷ = 읻

Beginner Level

big   did   hip

sit   pick   kick

sit   *pick*   *kick*

sit   *pick*   *kick*

lid   sip   milk

lid   *sip*   *milk*

lid   *sip*   *milk*

That which does not kill us makes us stronger.
– Friedrich Nietzsche

Intermediate Level

st**i**cker　　　　　　　rabb**it**　　　　　　　unt**il**

st**iff**　　　　　　　dig**it**al　　　　　　　h**is**tory

p**i**llow　　　　　　　ex**it**　　　　　　　vic**tim**

Exercise

| refill | still | fifty |

| prohibit | victory | simple |

| dribble | assist | sister |

i+자음+e

『i+자음+e』의 형태에서의 (i)는 (i)의 원래 발음인 '아이'로 발음된다. 예를 들어 (it)는 한국어로 '잍'으로 발음되지만, (ite)는 '아이트'로 발음이 되며, (is)는 '이즈'라고 발음이 되지만, (ise)는 '아이즈'로 발음이 되는 규칙이다.

> **ex** ite = 아이 + ㅌ = 아이트
> 　　　ime = 아이 + ㅁ = 아임
> 　　　ide = 아이 + ㄷ = 아이드

다음 단어들을 보며, 그 차이를 명확히 보도록 하자.

bit – bite	빝(빗) vs. 바이트	kit – kite	킽 vs. 카이트
dim – dime	딤 vs. 다임	quit – quite	쿠잍(쿠잇) vs. 콰이트
fin – fine	핀 vs. 파인	spin – spine	스핀 vs. 스파인
hid – hide	힏(힛) vs. 하이드	win – wine	윈 vs. 와인
		twin – twine	트윈 vs. 트와인

Beginner Level (1)

m**ine** t**ime** **ic**e

l**in**e f**ile** **li**fe

s**ite** s**ide** t**ide**

Beginner Level (2)

bike	rise	wise

bike   *rise*   *wise*

bike   *rise*   *wise*

dive	drive	bride

dive   *drive*   *bride*

dive   *drive*   *bride*

invite	desire	entire

invite   *desire*   *entire*

invite   *desire*   *entire*

Intermediate Level

gu**ide**   sl**ime**   div**ide**

requ**ire**   s**i**l**e**nt   pr**ide**

descr**ibe**   prov**ide**   reconc**ile**

Exercise

beside profile tired

dislike bribe shine

advise subscribe pineapple

MEMO

Chapter 2-4
필기체 연습:
연줄 패턴 (2)
(Kite string)

앞서 소문자 i, u, w, t를 연습한 것과 마찬가지로 연줄이 45°로 기울어져 올라가듯 시작하는 알파벳 j, p, r, s, o를 보도록 하겠다.

필기체를 쓸 때 주의할 점은 필기체는 『커넥터+알파벳+커넥터』로 이루어져 있기 때문에, 인쇄체와 많이 다르게 보일 수 있다. 하지만, 커넥터를 빼고 알파벳만 보면 인쇄체와 필기체는 많이 다르지 않다. 그렇기 때문에, 필기체의 본질은 커넥터를 이용해서 얼마나 연필을 떼지 않고 글을 쓰는가에 있다.

필기체 j

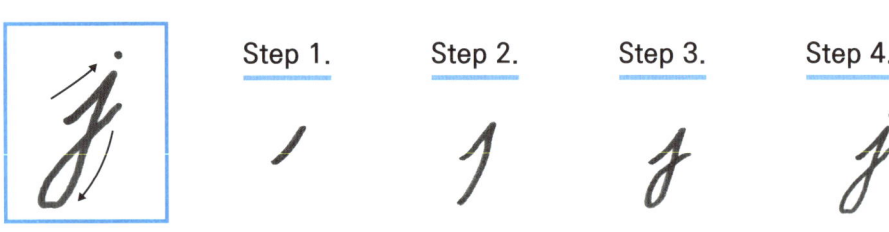

필기체 j은 앞서 적은 i, u, w, t와 똑같이 시작한다. Step 2에서 굵은 파란선에서 멈추지 말고 쭉 아래 검은 선까지 살짝 곡선을 그리며 내려오는 게 차이이다. Step 3에서 선을 올릴 때 너무 크게 타원형을 만들지 않도록 한다.

아래 4선지에 j를 이어서 적어 보도록 하자.

필기체 p

필기체 p은 필기체 j와 똑같이 시작한다.

Step 3에서 다시 선이 겹치도록 똑바로 올라와 시계 방향으로 동그란 원형을 그리며 적도록 한다.

아래 4선지에 p를 이어서 적어 보도록 하자.

필기체 r

Step 1.　　Step 2.　　Step 3.　　Step 4.

필기체 r은 펜을 떼지 않고 한 번에 적다 보니, 프린트체와는 상당히 다르게 생겼다.
리듬을 타며 적되, Step 3에서 Step2와 같이 작은 원을 그리면 안 된다.

아래 4선지에 r을 이어서 적어 보도록 하자.

필기체 s

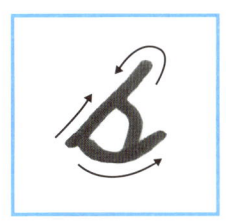

Step 1. Step 2. Step 3. Step 4.

필기체 s은 펜을 떼지 않고 한 번에 적다 보니, 프린트체와는 상당히 다르게 생겼다.

위에서 시작할 수 있도록 Step 1에서 커넥터를 그리며 step2에서 살짝 곡선을 주며 적어 주도록 하자.

아래 4선지에 s를 이어서 적어 보도록 하자.

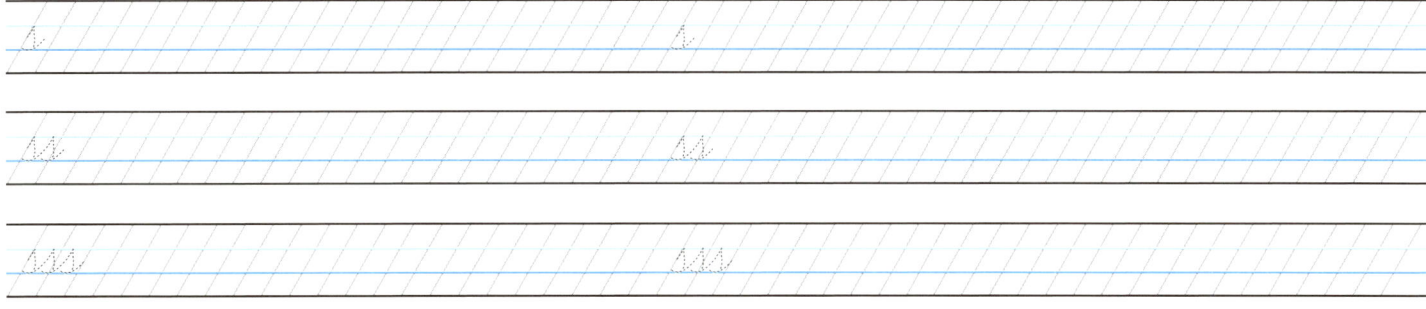

필기체 o

Step 1.   Step 2.   Step 3.   Step 4.

    필기체 o의 시작은 필기체 c와 같이 보일 수도 있다. 하지만, 원래 필기체 o의 step 1은 곡선을 많이 주지 않기 때문이 이와 같이 배치하였다. 이점을 유의하며 써 보도록 하자.

    아래 4선지에 o를 이어서 적어 보도록 하자.

O (o)

일반적으로 한국인들은 (o)를 '오' 발음이라고 착각할 때가 많다.

하지만, 『o+자음』의 형태에서 (o)를 발음하려면 턱을 내리면서 입을 벌려 동그랗게 만들고 '아'를 발음하면 된다. 혀끝은 아랫잇몸 뒤에 붙어 있어야 한다. 입을 완전히 벌려서 발음하지 않기 때문에 약한 '어'와 '아'를 합친 듯한 느낌이 들기도 한다. 한국어의 '아'와 약간의 차이가 있으므로 이를 주의하기 바란다. 자음 자리에 b, c, d 등의 자음을 넣어 『아+자음』의 발음을 해 줘야 한다.

ex ob = 아 + ㅂ = 압
    oc = 아 + ㅋ = 앜(악)
    od = 아 + ㄷ = 앋(앗)

Fun fact om(아니면 mon), on(아니면 won), ov와 같은 경우엔 '아' 발음이 아닌 '어'인 경우가 많다.

ex come, comfort, mother, Monday, money, among
ex honey, done, non, tongue, won
ex love, oven, cover, above

Beginner Level

mob	sock	hog
log	body	pot
job	drop	bomb

Intermediate Level

pr**o**fit

pr**o**perty

trip**o**d

c**o**medy

c**o**mmon

c**o**py

other

oxygen

c**os**metic

Exercise

mop	pop	cock

otter	rock	prompt

crocodile	coffee	goggle

o+자음+e

『o+자음+e』의 형태에서 (o)는 (o)의 원래 발음인 '오우'로 발음된다. 예를 들어 (od)는 한국어로 '앋'으로 발음되지만, (ode)는 '오우드'로 발음되고, (ot)는 '앝'이라고 발음이 되지만, (ote)는 '오우트'로 발음이 되는 규칙이다.

ex obe = 오우 + 브 = 오우브

      ome = 오우 + ㅁ = 오움

      ode = 오우 + 드 = 오우드

다음 단어들을 보며, 그 차이를 명확히 보도록 하자.

cop vs. cope	캅 vs. 코우프	rod vs. rode	랃 vs. 로우드
mop vs. mope	맢 vs. 모우프	rob vs. robe	랍 vs. 로우브
hop vs. hope	핲 vs. 호우프	glob vs. globe	글랍 vs. 글로우브
not vs. note	낱 vs. 노우트	slop vs. slope	슬랍 vs. 슬로우프

Beginner Level

code					coke					joke

hole					pole					home

bone					stone					nose

Intermediate Level

rem**ote** qu**ote** **lo**ne**ly**

prom**ote** prov**oke** envel**ope**

sc**ope** diagn**ose** comp**ose**

Exercise

zone

drone

smoke

explode

suppose

devote

episode

genome

artichoke

MEMO

Chapter 2-5
필기체 연습:
언덕 & 골짜기
(Hills & Valleys)

필기체 n, m, v, y, x, z는 언덕처럼 굴곡진 모양을 하고 있다.

진행하기 전에 loop를 연습해 보도록 하자.

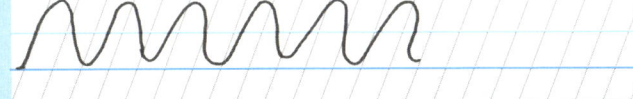
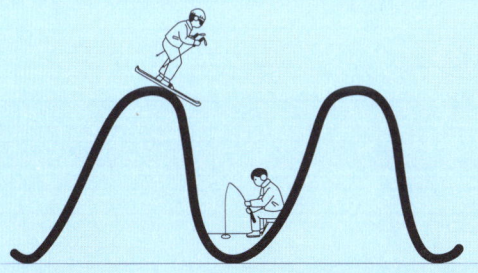

필기체 n

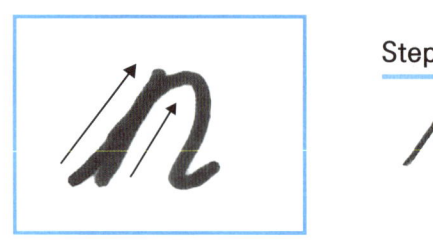

Step 1.　　Step 2.　　Step 3.　　Step 4.

필기체 n을 예쁘게 쓰기 위해서는 기울여서 적는 게 필요하다.

Step 2를 적을 때 직각으로 내려오지 말고, 기울여서 적기를 바란다.

아래 4선지에 n을 이어서 적어 보도록 하자.

필기체 m

Step 1.   Step 2.   Step 3.   Step 4.

필기체 m은 필기체 n과 비슷하지만, 굴곡의 폭을 좁게 적어야 정확하고 예쁘게 적을 수 있다.

아래 4선지에 m을 이어서 적어 보도록 하자.

필기체 v

Step 1.　　　Step 2.　　　Step 3.　　　Step 4.

필기체 v를 예쁘게 적기 위해서는 끝을 뾰족하게 하지 말고 물 흐르듯 부드럽게 쓰기를 바란다.

아래 4선지에 v를 이어서 적어 보도록 하자.

필기체 y

필기체 y는 v와 시작은 똑같지만, Step 4에서 가장 밑의 검은 선까지 약간의 곡선을 타며 내려와야 한다.

아래 4선지에 y를 이어서 적어 보도록 하자.

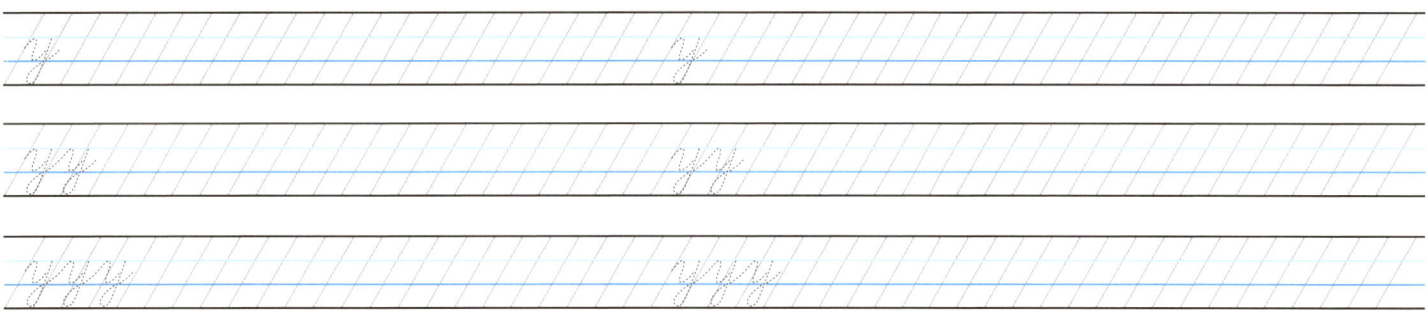

필기체 x

Step 1. Step 2. Step 3. Step 4.

필기체 x도 역시 한 번에 적는 것임을 잊어서는 안 된다.

필기체 x를 예쁘게 적기 위해서는 Step 2에서의 그 폭을 너무 넓지 않게 적는 것이 중요하다.

아래 4선지에 x를 이어서 적어 보도록 하자.

필기체 z

Step 1. Step 2. Step 3. Step 4. Step 5.

필기체 z도 역시 프린트체와는 많이 다르게 생겼다. 필기체 x와 비슷하게 시작하되, Step 3에서 작은 원형을 만들 때, 굵은 파란 선 아래로 내려가지 않게 적어야 예쁘게 적을 수 있다.

아래 4선지에 z를 이어서 적어 보도록 하자.

Chapter 2-5. 필기체 연습: 언덕 & 골짜기 (Hills & Valleys)

U (u)

일반적으로 한국인들은 (u)를 '유' 발음이라고 착각할 때가 많다.

하지만, 『u+자음』의 형태에서 (u)는 앞서 본 (o)보다 입을 덜 벌리고, '어'로 발음하면 된다. 가끔 대화 도중 대답이 생각이 나지 않을 때 '어…'라고 할 때의 그 '어' 발음이다. 자음 자리에 b, c, d 등의 자음을 넣어 『어+자음』의 발음을 해 줘야 한다.

> ex   ub = 어 + ㅂ = 업
>
> uc = 어 + ㅋ = 억
>
> ud = 어 + ㄷ = 얻

> Fun fact   '어' 발음은 영어 기호로 'ʌ'로 'u+자음' 이외에도 'om', 'on', 'ov'가 있었으며, 변칙적으로 'blood', 'flood' 등이 있다.

Beginner Level

cub mud sun

run cup rum

sum us hut

Intermediate Level

ju**m**p	cl**um**sy	gr**un**t

a**u**t**um**n	p**u**d**d**le	r**ub**ber

s**ub**ject	cr**um**ble	s**up**per

Exercise

hum   dub   shut

hum   dub   shut

puppet   summer   subtle

puppet   summer   subtle

bubble   summit   subtract

bubble   summit   subtract

u+자음+e

『u+자음+e』의 형태에서 (u)는 (u)의 원래 발음인 '유'로 발음된다. 예를 들어 (ut)는 한국어로 '엍'으로 발음되지만, (ute)는 '유트'로 발음되고, (un)은 '언'이라고 발음되지만, (une)은 '윤'으로 발음이 되는 규칙이다.

ex obe = 오우 + 브 = 오우브

ome = 오우 + ㅁ = 오움

ode = 오우 + 드 = 오우드

다음 단어들을 보며, 그 차이를 명확히 보도록 하자.

us vs. use	어스 vs. 유즈	tub vs. tube	텁 vs. 튜브
cub vs. cube	컵 vs. 큐브	mulberry vs. mule	멀베리 vs. 뮬
cut vs. cute	컽(컷) vs. 큐트	but vs. contribute	벝(벗) vs. 컨트리뷰트
hug vs. huge	허그 vs. 휴즈	bus vs. abuse	버스 vs. 어뷰즈
		mutter vs. mute	머털 vs. 뮤트

Beginner Level

tune	cure	pure

Duke	nude	dune

excuse	refuse	module

Intermediate Level

imm**une**   exec**ute**   acc**use**

immune   *execute*   *accuse*

immune   *execute*   *accuse*

mat**ure**   vol**ume**   caps**ule**

mature   *volume*   *capsule*

mature   *volume*   *capsule*

distrib**ute**   proced**ure**   attrib**ute**

distribute   *procedure*   *attribute*

distribute   *procedure*   *attribute*

Exercise

fuse   sure   jukebox

costume   endure   feature

fortune   institute   substitute

내용 체크!

학교나 학원에서 혹시 [동사 뒤에 '-ing', 또는 '-ed'를 붙일 때, 혹시 '단모음 + 단자음' 뒤에는 다시 자음을 반복해서 하나 더 붙이고 '-ing' 또는 '-ed'를 붙이세요]라는 설명을 들어 본 적 있는가? 이 방식은 괜히 있는 방식이 아닌, 발음을 나누기 위함이다. 다음 예문을 보며, 이 이유를 살펴보도록 하자.

예 1 만약 'swim(스윔)'이라는 단어에 '-ing(잉)'을 붙이면 어떤 발음이 날까? 정답은 '스위밍'이라고 발음이 나야 한다.
swim에 '-ing'를 바로 붙여 보도록 하자. 'swimming'은 '-im' 형태로 끝나지 않고, '-imi' 형태로 끝나기 때문에 '스와이밍'이라고 발음이 된다. 하지만 우리가 발음하고 싶은 것은 '스위밍'이지, '스와이밍'이 아니다. 그렇다면 발음을 끊어 주기 위해서는 어떻게 해야 할까? 어렵지 않다. 『모음+자음+모음』의 순서에서 맨 뒤의 모음을 빼서, 『모음+자음』의 순서가 되게 만들면 된다. 이 방법이 자음을 반복해 주는 이유이며 '스위밍'의 발음이 되려면 swim 뒤에 m을 하나 더 붙이고 '-ing'를 쓰면 된다. 즉, 'swimming'으로 적어야 '스위밍'이라고 발음된다.

예 2 hop(깡충 뛰다)에 '-ing'를 붙이면 어떤 발음이 나야 할까? 정답은 '핲핑'이다. 그렇다면 hope(희망하다)에 '-ing'를 붙이면 어떤 발음이 나야 할까? 정답은 '호핑'이다. 단어를 듣고 이해하기 위해서 영어에서는 변형 전의 기본 단어의 발음을 이어 주길 원한다.

　그렇다면 'hop'에 바로 '-ing'를 붙이면 될까? 만약 'hoping'이라고만 쓸 경우 '핲핑'으로 발음되지 않는다. 앞서 배운 바와 같이 'opi', 즉 『모음+자음+모음』의 순서를 가지게 되면, 맨 앞의 모음인 'o'는 '오'라고 발음이 나기 때문에 '호핑'이라고 발음이 난다. 그렇다면 '호핑'이 아니라 '핲핑'으로 발음이 되려면, 어떻게 해야 할까? 정답은 발음을 끊어 주기 위해 'p'를 한 번 더 반복해서 'hopping'으로 써 주면 'hop / ping'으로 끊어 읽힌다.

이렇게 단어 안에서 자음이 두 번 반복된다면, 이는 끊어서 읽어 주라는 의미와도 같다. 다른 말로 하면, 내가 예제처럼 발음을 끊어 주고 싶은 경우에는 앞에 나오는 자음을 한 번 더 써서, 두 자음으로 만들어 주면 된다.

ex　summer, hotter, running, winning, rubber, soccer, hidden

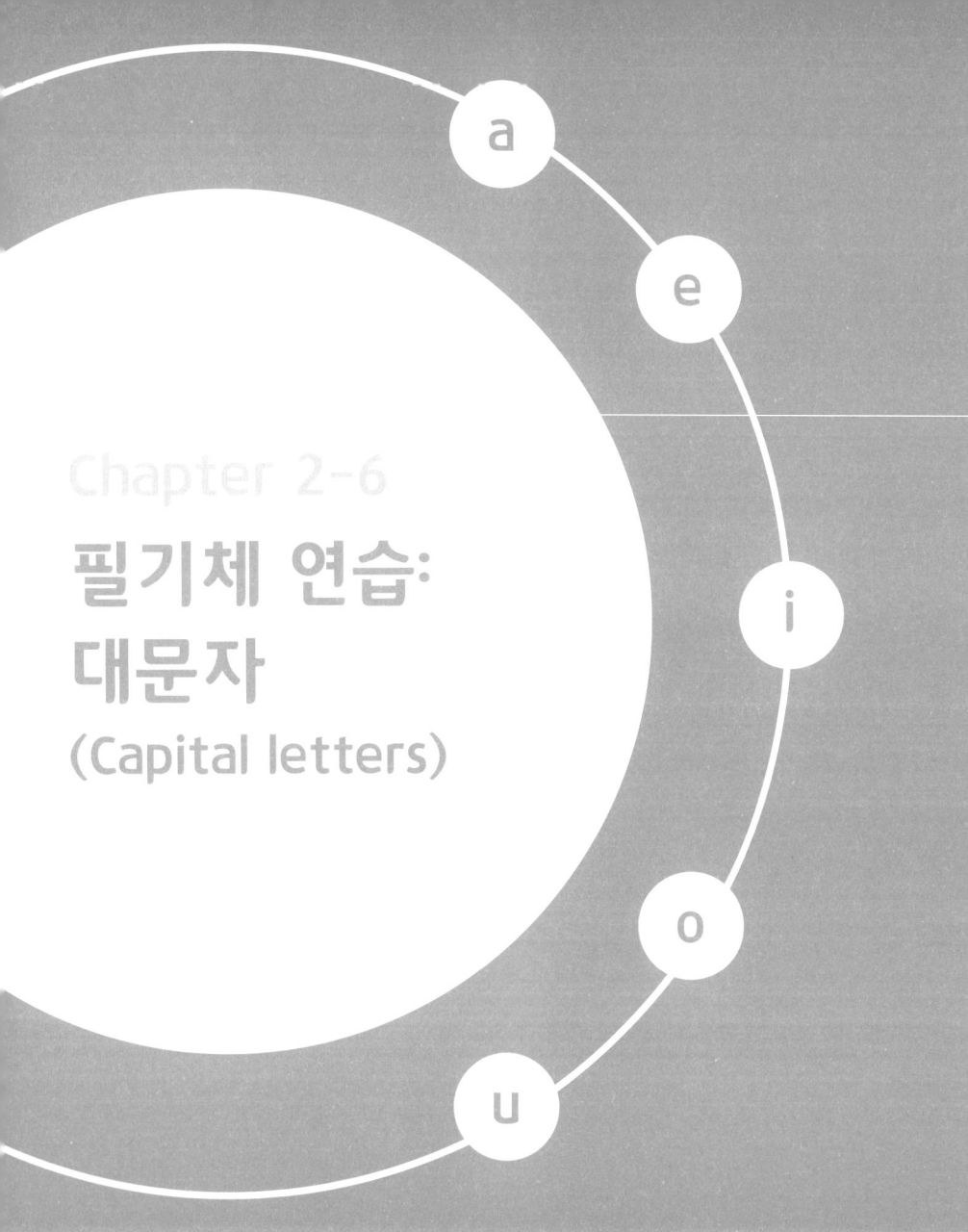

Chapter 2-6
필기체 연습: 대문자
(Capital letters)

대문자 필기체는 소문자와 달리 알파벳 사이의 연결이 없다. 문장에서 대문자를 쓸 일은 소문자에 비해 극히 적고, 이 책에 나와 있는 단어들을 연습해 나가면, 자신만의 필기체를 완성할 수 있을 것이다.

대문자를 배울 땐 다음과 같은 순서로 배울 것이다 :

A, C, O, U, V, W, X, Y, Z, P, R, D, B, H, K, N, M, I, J, E, L, T, F, Q, S, G

대문자까지 연습을 완료하면 이제 단어와 문장으로 넘어갈 차례이다. 이후엔 따로 챕터를 나누지 않고, 챕터마다 글귀를 한 개씩 넣었다. 이 책의 마지막에는 시도 넣었으니, 글을 쓰면 읽어 보도록 하자.

Chapter 2-6. 필기체 연습: 대문자 (Capital letters)

MEMO

Chapter 3
두 자음을 빠르게
(consonant blends)

복합자음(consonant blends)은 하나의 자음만 발음하는 게 아니라 두 개의 자음을 순차적으로 빠르게 발음해야 한다. 한국어로 생각하면 모음 없이 자음을 두 개를 발음하는 것이다.

예를 들어, (b)와 (l)을 합쳐 (bl)을 발음하려면 'ㅂ'와 'ㄹ'를 합쳐 '브ㄹ'라고 발음하고 그다음 모음을 이어서 발음해야 한다.

이번 챕터에서는 파트를 너무 세분화하지 않고, 비슷한 조합으로 최대한 간소하지만 패턴을 이해할 수 있도록 준비했다. 이번 챕터에서도 단어를 빠르게 훑는 것이 목표가 아니라 패턴을 이해하는 것이 목적임을 잊지 말아야 한다.

자음+l

다음 패턴은 『자음+l』의 형태 중 가장 많이 쓰이고, 자주 쓰이는 형태이다. 앞에 나오는 자음과 뒤에 (l)이 합쳐져 모음 없이 발음되어야 한다. 앞서 자음 'L(l)'에서 말했듯, (l)은 혀끝이 앞니 뒤편과 이를 맞대고 있는 잇몸 사이에서 시작해야 함을 잊지 말아야 한다. 여기서는 편의상 '르'로 표기하도록 하겠다.

『자음+l』 중 (bl)은 '브르'의 발음이 나며, (cl)은 '크르'의 발음이, (gl)은 '그르'의 발음이 난다. 나머지도 이와 동일한 방식으로 발음하면 된다.

다음 예제들을 보며, 연습해 보도록 하자.

There are too many books I haven't read, too many places I haven't seen, too many memories I haven't kept long enough.

– Irwin Shaw

Beginner Level (1)

black   bless   blonde

class   clean   cliff

flag   flare   flour

Beginner Level (2)

glitter					glee					glory

plaza					place					plot

slam					sled					sloth

Intermediate Level

blizzard   gluttony   glide

flavor   flute   slender

clinic   plague   plumber

Exercise

| blur | fluffy | glance |

blur fluffy glance

| slogan | fluctuate | cluster |

slogan fluctuate cluster

| blanket | clothes | plunder |

blanket clothes plunder

자음+r

다음 패턴은 『자음+r』의 형태 중 가장 많이 쓰이는 패턴이다. 『자음+l』과 비슷하지만, (l) 발음 대신 (r) 발음을 해 줘야 한다. 앞서 '조심해야 할 자음 비교'에서 말했듯이 (r)은 혀끝이 공중에 떠 있어야 한다. 만약 혀끝이 입천장이나 잇몸에 닿게 되면 'ㄹ' 발음이나 (l) 발음이 날 수 있으니, 신경 써서 연습해야 한다.

Truth is stranger than fiction, but it is because
Fiction is obliged to stick to possibilities; Truth isn't.

— Mark Twain, Following the Equator: A Journey Around the World

Beginner Level

brand　　　　　　　　　brutal　　　　　　　　　crack

brand　　　　　　　　　brutal　　　　　　　　　crack

drama　　　　　　　　　grace　　　　　　　　　price

drama　　　　　　　　　grace　　　　　　　　　price

from　　　　　　　　　grass　　　　　　　　　trip

from　　　　　　　　　grass　　　　　　　　　trip

Intermediate Level

frank   drowsy   fragile

fringe   graduate   primary

tragic   privilege   transport

Exercise

| crane | drift | branch |

| crane | drift | branch |

| fragrant | grumpy | private |

| fragrant | grumpy | private |

| proverb | crosswalk | tranquil |

| proverb | crosswalk | tranquil |

s+자음

다음 패턴은 『s+자음』의 형태 중 나올 수 있는 대부분의 패턴이다. 먼저 (s)의 'ㅆ' 발음을 하고, 이어서 해당 자음을 발음하면 된다. 예를 들어 (st)는 '쓰ㅌ'의 발음이 나며, (sm)는 '쓰ㅁ'의 발음으로 말하면 된다. 나머지도 이와 동일한 방식으로 발음하면 된다.

Fun fact (sc)의 경우 '쓰ㅋ'라고 발음이 나는 경우도 있으나, 한 발음으로 'ㅆ' 발음만 하는 경우와, 아주 가끔 '쉬' 발음으로 하는 경우가 있다.

ex scent, scene, scissors, descend, science, fascinate

ex conscious, luscious

Anything, no matter what. I have the simplest tastes.
I am always satisfied with the best.

— Edgar Saltus, From Oscar Wilde: An Idler's Impression

Beginner Level

scan

scald

snob

skip

smile

snack

space

step

skate

Intermediate Level

scuba   **sm**uggle   **sk**eleton

sniff   **sp**ectacle   **st**atic

skinny   **sp**irit   **st**ubborn

Chapter 3. 두 자음을 빠르게 (consonant blends)

Exercise

spurt

smirk

stage

spend

sponsor

snatch

scorch

sketch

stellar

자음+w

다음 패턴은 두 가지로 (sw)와 (tw) 발음이 있다. 이 두 발음은 (w)의 발음을 조금 더 자세히 보기 위해서 따로 정리했다. 발음하는 방식은 앞선 패턴과 동일하게 (sw)는 '쓰우'로, (tw)는 '트우'로 발음을 시작하면 된다. (w)는 한국어에서는 모음에 해당하지만 영어에서는 자음에 해당하기 때문에, (w) 뒤에 나오는 자음과 연결하여 발음해야 한다.

Never give a child a sword.

― Latin Proverb

Beginner Level

swim　　　　　　　　swift　　　　　　　　swan

twice　　　　　　　　twist　　　　　　　　twin

swamp

Intermediate Level

swage   switch   twitch

sweater   twelve   twenty

twinkle   swagger   twilight

Exercise

swap	swell	Swiss
swipe	twerp	swelter
between	twinge	swallow

MEMO

Chapter 4
두 자음이 모여 하나로!
(Digraph Sounds)

이중음자는 복합자음과는 다르게, 『자음+h』의 형태를 취하여 새로운 하나의 발음을 만드는 패턴이다. 이 패턴에 해당하는 단어는 (ch), (sh), (th), (ph), (wh)가 있다.

이번 챕터에서는 (ch)와 (sh)의 경우, 발음되는 방식이 비슷하기 때문에 묶어서 보도록 한다. 그리고 (th)는 두 가지 방식으로 발음이 되기 때문에 나눠서 볼 예정이다. 두 가지 발음 모두 한국어에는 없는 새로운 발음이기 때문에 발음에 집중하여 연습하길 권한다.

ch & sh

(ch)와 (sh)는 각각 한국어의 '취'와 '쉬'에 해당하는 발음이다. 한국어로 봤을 때 각 발음이 하나의 자음(ㄱ, ㄴ, ㄷ)에서 시작하지 않고, '취', '쉬'처럼 한 글자에서 시작해야 하는 점에 유의하며 다음 단어들을 보도록 하자.

Fun fact (ch)는 '취'라고 발음이 나는 경우도 있으나, 'ㅋ'과 '쉬'로 발음 나는 경우도 많다.

ex   echo, chaos, charisma, stomach, technology, headache

ex   chef, machine, Chicago, brochure, parachute

As the best Wine makes the sharpest Vinegar,
so the deepest Love turns to the deadliest Hatred.

– Thomas Fuller

Beginner Level

chop　　　　　　　　　chat　　　　　　　　　shade

chop　　　　　　　　　chat　　　　　　　　　shade

shake　　　　　　　　check　　　　　　　　chance

shift　　　　　　　　　itch　　　　　　　　　dish

Intermediate Level

cherish　　　　　　　chamber　　　　　　　champion

shepherd　　　　　　challenge　　　　　　perish

establish　　　　　　chicken　　　　　　　accomplish

Exercise

| cheek | change | shelf |

| British | English | vanish |

| selfish | church | shelter |

Chapter 4. 두 자음이 모여 하나로! (Digraph Sounds)

th

 (th)는 두 가지로 발음이 난다. (th)의 첫 번째 발음은 'ð'로 'ㄷ'와 매우 유사하게 들린다. 하지만 주의할 점은 'ð' 발음은 입을 다문 상태에서 혀끝이 이 뒤에 붙어서 발음을 시작해야 한다는 것이다. 그렇게 하면 'ㄷ'와는 조금 다르게 혀를 끄는 듯한 발음이 만들어진다.

 두 번째 발음으로는 바람 빠지는 소리인 'θ' 발음이 있다. 한국에서 번데기 발음이라고 불리는 이 발음은 입 모양과 혀에 둘 다 집중해야 한다. 앞니와 아랫니 사이를 살짝 벌리고 그 사이로 혀가 0.3~0.5cm 정도 나오게 한 뒤, 공기를 내뱉으면 된다. 공기가 혀 옆으로 세면서 한국어에는 없는 발음이 난다.

 많은 수강생들이 일부러 소리를 내려고 하여, 'ㅅ' 발음을 내려고 하지만, 'ㅅ' 발음과는 다르게 들리니 조심해야 한다. 'ㅅ' 발음은 (c)나 (s) 발음으로 생각해야 한다. (th) 발음은 공기 100%의 소리라고 생각하면 되겠다.

Happiness lies first of all in health.

– George William Curtis

Beginner Level – ð

this   that   than

this   that   than

them   with   there

them   with   there

rather   gather   mother

rather   gather   mother

Chapter 4. 두 자음이 모여 하나로! (Digraph Sounds)

Beginner Level – θ

thin　　　　　　　　thick　　　　　　　　third

thin　　　　　　　　thick　　　　　　　　third

cloth　　　　　　　　smith　　　　　　　　both

thumb　　　　　　　　path　　　　　　　　math

Intermediate Level

either • together • bother

clothing • theme • thermal

Thursday • filthy • northern

Chapter 4. 두 자음이 모여 하나로! (Digraph Sounds)

Exercise

then	bath	their
deathly	marathon	catholic
southern	brother	birthday

ph

(ph)는 앞서 'F(f) vs. P(p)'에서 설명했듯이 (f) 발음에 해당하는 단어이다. (p)가 앞에 보인다고 'ㅍ' 발음을 하면 안 된다.

Beginner Level

phone					phase					photo

graph					phony					physic

Chapter 4. 두 자음이 모여 하나로! (Digraph Sounds)

dol**ph**in   or**ph**an   **ph**rase

dolphin   *orphan*   *phrase*

dolphin   *orphan*   *phrase*

Exercise

phobia	elephant	pharmacy

hyphen	trophy	alphabet

phantom	emphasis	sophomore

wh

(wh) 발음은 '우' 발음으로, (ch), (sh) 발음과 같이 하나의 자음(ㄱ, ㄴ)에서 시작하지 않고, '우' 발음에서 시작해야 하는 것에 유의해야 한다.

Beginner Level

whip　　　　　　　　　whine　　　　　　　　　while

whip　　　　　　　　　whine　　　　　　　　　while

when　　　　　　　　　where　　　　　　　　　whether

when　　　　　　　　　where　　　　　　　　　whether

wharf   whirl   whiplash

wharf   *whirl*   *whiplash*

wharf   *whirl*   *whiplash*

Exercise

white	whisky	whale

whisk	which	why

whetstone	whistle	whisper

-ng

  (-ng) 발음은 4-6의 (-nk) 발음과 함께 유일하게 한국어의 'ㅇ' 받침에 해당한다. (-ang)은 '엥', (-ing)은 '잉', (-ong), (-ung)은 '엉'으로 발음해야 한다. 여기서 주의할 점은 (-eng)의 경우 접두사 (en-)과 헷갈리면 안 된다. 접두사 (en-)은 어떠한 명사를 동사로 만들어 주는 역할을 하며, '(명사)하다'의 느낌으로 생각할 수 있다. 즉 단어를 외워 나가면 어떤 단어가 접두사 (en-)인지 아닌지 알 수 있다.

There is nothing either good or bad, but thinking makes it so.

– William Shakespear, From Hamlet

Beginner Level

ring   sing   swing

bring   hang   anger

lung   long

Intermediate Level

among   wrong   hungry

charming   aching   length

strength   language   gangster

Exercise

| f**ang** | m**ang**o | str**ong** |

| c**ong**ress | s**ing**le | will**ing** |

| st**ing** | dur**ing** | swimm**ing** |

-nk

(-nk) 발음은 (-ng) 발음과 같이 한국어의 'ㅇ' 받침을 넣어 주는 파트로, (-ng)과의 차이점은 (k) 발음으로 인해 단어 끝에 'ㅋ' 발음을 해야 한다는 것이다.

그렇기 때문에 (-ank)는 '앵ㅋ', (-ink)는 '잉ㅋ', (-onk), (-unk)는 '엉ㅋ'로 발음해야 한다.

Think of all the beauty still left around you and be happy.
— Anne Frank

Beginner Level

rank   bank   ink

link   pink   monk

honk   dunk   junk

Intermediate Level

thank   prank   stink

blink   monkey   bunker

funkiness   chipmunk   unthinkable

Exercise

blank		chunky		drink

blank		*chunky*		*drink*

blank		*chunky*		*drink*

wrinkle		donkey		ankle

wrinkle		*donkey*		*ankle*

wrinkle		*donkey*		*ankle*

shrunk		Franklin		drunken

shrunk		*Franklin*		*drunken*

shrunk		*Franklin*		*drunken*

MEMO

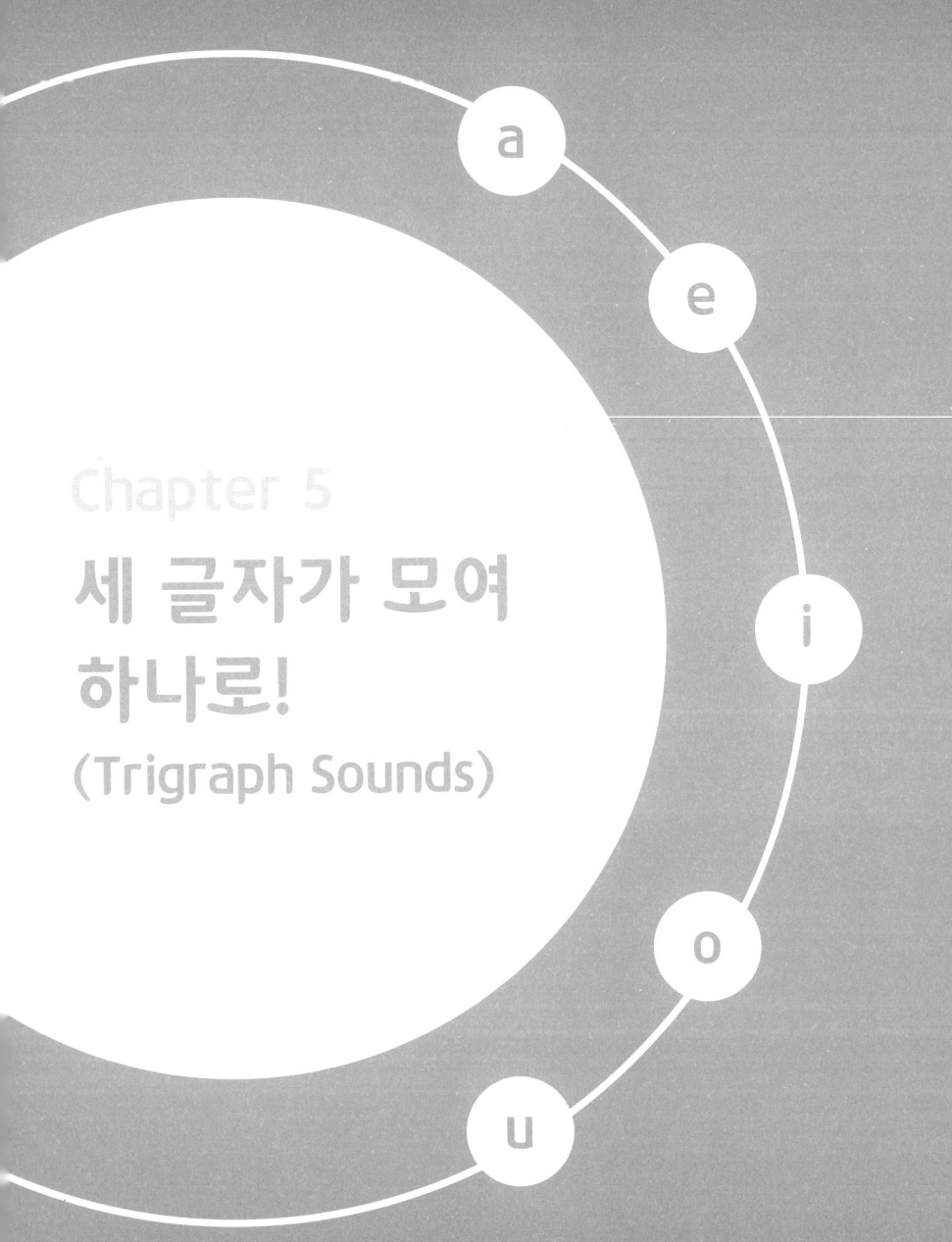

Chapter 5
세 글자가 모여 하나로!
(Trigraph Sounds)

삼중음자는 세 글자가 모여 빠르게 발음되는 형태로 『삼중음 자음』, 『삼중음 모음』이 있다. 대표적으로 (scr), (str) 등이 있다. (scr)의 경우 's', 'c', 'r'의 발음을 빠르게 발음해야 하며, 한국어로 생각하면 '스크ㄹ'를 발음하고 뒤에 모음과 연결할 수 있어야 한다. 나머지도 이와 동일한 방식으로 발음하면 된다.

이번 챕터에서는 Chapter 2에서 배운 복합자음과의 연결을 위해 『삼중음 자음』만 배우도록 하겠다. 『삼중음 모음』은 Chapter 6에서 나머지 모음 조합들과 함께 다루도록 하겠다.

scr, str

(scr)는 (s), (c), (r) 세 글자로 이루어진 패턴으로 각각의 발음을 빠르게 발음해야 한다. 한국어로 발음하면, '스크ㄹ'라고 발음하는 것이다.

이 세 글자는 보통 단어의 맨 앞에 위치하기 때문에 이 뒤에 나오는 모음과 같이 읽어 줘야 하는데, (r)이 마지막에 위치하기 때문에 모음은 (r)과 같이 발음한다고 생각하면 쉽다.

예를 들어 'scrap'이라는 단어는 (s), (c)를 먼저 발음하고, (r)과 (ap)을 같이 발음하면 된다. 한국어로 발음하면 '스크', '랩'이 된다.

(str)도 (scr)와 마찬가지로 세 글자를 빠르게 발음하면 된다. 한국어로 발음하면 '스트ㄹ'로 발음된다. (str) 역시 (r)이 마지막으로 끝나기 때문에 (r)과 다음에 오는 모음을 같이 발음하면 된다.

예를 들어 'strut'라는 단어는 (s), (t)를 먼저 발음하고, (r)과 (ut)을 같이 발음하여. '스트', '럳'으로 발음하면 된다.

One day, in retrospect, the years of struggle will strike you as the most beautiful.

− Sigmund Freud

Beginner Level

scrap scrum scroll

scrub stripe stress

strict bistro script

Intermediate Level

scribble

stretch

scramble

instruct

strange

restrict

ostrich

industry

scrutinize

Exercise

| **sc**ratch | **st**rike | **st**rain |

| regi**str**y | ab**str**act | di**str**ict |

| pre**scr**ibe | sky**scr**aper | manu**scr**ipt |

spr, spl

(spr)와 (spl)도 (scr), (str)와 마찬가지로 세 글자를 빠르게 발음하면 된다. (spr)는 한국어로 발음하면 '스프ㄹ'로 발음되고, (spl)도 '스프ㄹ'로 발음된다. 주의할 점은 (spl)은 (r)이 아닌 (l) 발음으로 끝이 나기 때문에 혀끝이 앞니 뒤에 위치해야 한다는 것이다. (spr)는 (r)이 마지막으로 끝나기 때문에 혀끝이 입 안 어디에도 붙으면 안 되고, (r)과 그다음에 오는 모음을 같이 발음하면 된다. 예를 들어 'sprint'라는 단어는 (s), (p)를 먼저 발음하고, (rin), (t)를 발음하면 된다. 한국어로 발음하면, '스프', '린트'가 된다.

(r)과 (l)의 차이점을 아직 확실히 모른다면 『Chapter 1-1. 조심해야 할 자음 비교』를 다시 보고 오도록 한다.

squ

(squ)도 앞에서 공부한 패턴과 마찬가지로 세 글자를 빠르게 발음하면 된다. (s), (q), (u)는 각각 한국어로 'ㅅ', 'ㅋ', '우'로 발음이 된다. 'squ'은 한국어로 '우'에 해당하는 'u(우)'로 끝나지만, 패턴은 동일하게 바로 다음에 오는 모음을 같이 발음하면 된다.

예를 들어 'squid'라는 단어는 'squ'를 먼저 발음하고, 'id'를 발음하면 된다. 한국어로 발음하면, '스크우', '이드'가 된다.

Beginner Level – spr, spl

spring   sprite   sprain

sprinkle   splint   splash

split   splendid   sprint

Chapter 5. 세 글자가 모여 하나로! (Trigraph Sounds)

Beginner Level - squ

squad   **squ**at   **squ**ash

squire   **squ**ish   **squ**all

squeeze   **squ**eak   **squ**irrel

chr, shr, thr, sch

앞의 예제와는 다르게 이번 발음들은 세 글자가 붙지만, 앞에서 배운 바와 같이 (ch), (sh), (th)는 이미 새로운 하나의 발음을 가지고 있다. (chr), (shr), (thr)은 (sh), (ch), (th)에 (r)을 붙인 것이고, (sch)는 (s) 발음에 (ch)를 붙인 상태이다. (chr)와 (sch)에서 (ch)는 '취' 발음이 아니고, 'ㅋ' 발음이다.

이들을 삼중음자로 취급할 수 있겠으나, 실제로는 발음이 두 번이기 때문에 이번 파트에서 따로 모아서 보도록 하겠다.

> **Fun fact** (sch)는 일반적으로 '스ㅋ'로 발음이 나지만, 독일어에서 유래된 혹은 빌려 온 단어들의 경우, '쉬'라고 발음이 될 수도 있다.

ex   schwa, schmuck, schnapps, Schweppes, Schweitzer

Everyone should be able to do one card trick, tell two jokes, and recite three poems, in case they are ever trapped in an elevator.

– Lemony Snicket, From Horseradish

Beginner Level

shred　　　　　　　thrive　　　　　　　shrink

chrome　　　　　　chronic　　　　　　three

throw　　　　　　　throne　　　　　　　school

Intermediate Level

Christina

thread

scholar

thrill

throat

schedule

threshold

chronicle

synchronize

Exercise

shrimp shrine throng

thrift threat scheme

chromakey

MEMO

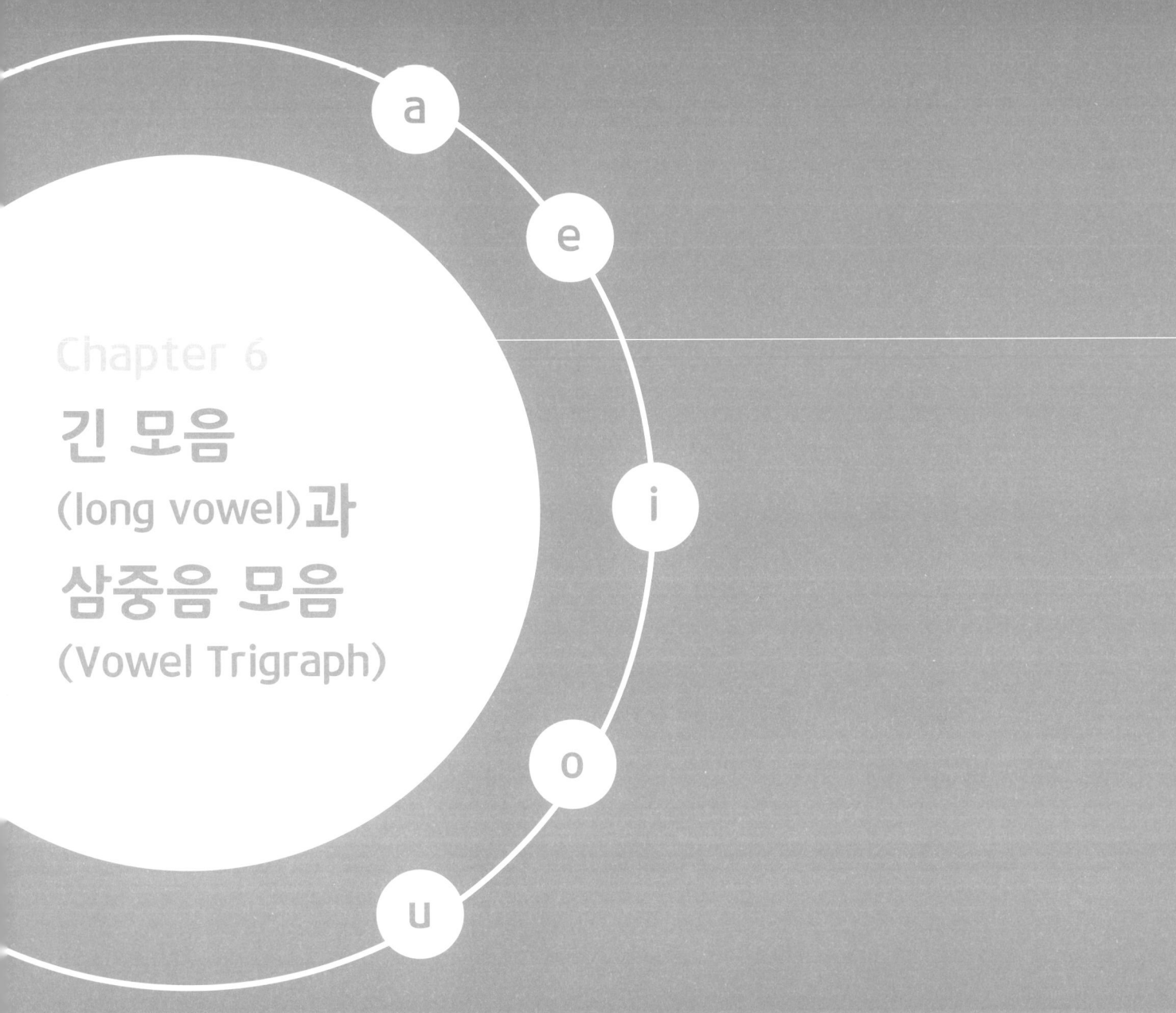

Chapter 6
긴 모음 (long vowel)과 삼중음 모음 (Vowel Trigraph)

긴 모음의 경우 두 모음이 합쳐져서 만들어지는 경우를 설명한다. 이 경우 대부분 앞 모음의 발음이 길고, 뒤 모음은 발음이 약하다. 『삼중음 모음』은 앞서 설명한 바와 같이 세 글자가 모여 새로운 하나의 발음을 만드는 형태로, 이번 챕터에서는 모음만 묶어서 보도록 하겠다. 이번 챕터에서 어려울 부분은 첫 번째로 글자 하나하나를 읽는 것이 아니라, 두 개 이상의 글자를 뭉쳐서 하나로 발음해야 한다는 것이다. 예를 들어 (ai)는 '에이'라는 발음이지, '아이'라고 따로따로 발음해서는 안 된다.

두 번째로 어려운 점은 같은 형태를 하고 있더라도, 발음이 다르게 날 수 있다는 점이다. 'ow'는 어떤 단어에서는 '아우'라고 발음이 날 수도 있지만(예를 들어 now), 다른 단어에서는 '오우'라고 발음이 나기도 한다(예를 들어 'tow'). 한국어로 비슷한 발음끼리 묶어서 공부할 수 있도록 발음의 기준으로 나눠서 나열했으며, 약간의 차이가 있는 것들은 추가 설명을 각 패턴마다 달아 놨다.

한국어로 비슷한 발음끼리 묶어서 공부할 수 있도록 발음의 기준으로 나눠서 나열했으며, 약간의 차이가 있는 것들은 추가 설명을 각 패턴마다 달아 놨다.

에이 (eɪ)
ai, ay, ei, ey, eigh, eign

(ai), (ay), (ei), (ey), (eigh), (eign)은 한국어로 '에이'로 발음 나는 패턴이다. 영어로 '에이' 발음이 나는 경우는 이 5가지 형태와 앞서 배운 『a+자음+e』와 (a)에 강세가 붙는 경우 총 7가지이다. 형태가 너무 많고 헷갈린다고 생각할 수 있으나, 영어에서 (i)와 (y)의 발음이 동일하다는 규칙을 알면 (ay)와 (ey)는 따로 외우지 않더라도 이해할 수 있을 것이다.

(ai), (ay), (eigh)는 대부분 '에이'의 발음이며, (ei), (ey)는 '이'로 발음이 되기도 한다. 이 패턴에서는 '에이'로 발음 나는 경우에 대해서만 보도록 한다.

Fun fact   height의 eigh는 '아이' 발음이다.
Fun fact   딱 세 단어에서 (ea)가 '에이'로 발음되기도 한다. 바로 break, great, steak이다.

Don't walk in front of me… I may not follow
Don't walk behind me… I may not lead
Walk beside me… just be my friend

– Albert Camus

Beginner Level (1)

aid   aim   day

way   hay   hey

play   spray   snail

Beginner Level (2)

paint   chain   grey

they   vein   eight

beige   fail   tail

Intermediate Level

afr**ai**d explain portray

conv**ey** sl**eigh** fr**eigh**t

betr**ay** n**eigh**bor m**ai**nt**ai**n

Exercise

| bay | pray | waist |

| obtain | survey | weight |

| reign | detail | claim |

에어 (er)
air, are, ear

(air), (are), (ear)은 '에어'로 발음이 나는 패턴이다. 기본 단어들을 바탕으로 발음을 외우면 활용된 형태도 문제없이 발음할 수 있다.

* (Are)과 같은 경우, 단독으로는 '알'로 발음될 수 있다.

(ear)에 대해 추가적으로 말하자면 (ear)은 '에어'의 발음보다 '이얼'과 '얼'의 발음으로 더욱 자주 활용되며, (ear)의 '이얼' 발음은 '이'에 'r(얼)'이 붙은 것으로, '이(ea, ear, ee, ie, y)'에서 더 다루도록 한다. (ear)의 '얼' 발음은 Chapter 7. 『er, ir, ur』에서 다루도록 하겠다.

> **Fun fact** (air), (are), (ear) 이 외에도 (ere) 패턴 중 there과 where이 '에어'로 발음이 나며, scarce도 예외적으로 '에어'로 발음이 된다.

Some day you will be old enough to start reading fairy tales again.

– C.S. Lewis

Beginner Level

air　　　　　　　　　fair　　　　　　　　　hair

air　　　　　　　　*fair*　　　　　　　　*hair*

air　　　　　　　　*fair*　　　　　　　　*hair*

bare　　　　　　　　care　　　　　　　　rare

bare　　　　　　　*care*　　　　　　　*rare*

bare　　　　　　　*care*　　　　　　　*rare*

bear　　　　　　　　pear　　　　　　　　wear

bear　　　　　　　*pear*　　　　　　　*wear*

bear　　　　　　　*pear*　　　　　　　*wear*

Exercise

lair　　　　　　　　hairy　　　　　　　　chair

scare　　　　　　　share　　　　　　　swear

square　　　　　　affair　　　　　　　prepare

이 (iː)
ea, ear, ee, ie, y

(ea), (ee), (y)는 '이' 발음이 나는 패턴이다.

앞서 '에어(air, are, ear)'에서 봤듯이, (ea) 같은 경우는 (r)이 붙어, (ear)가 되기도 한다. 이때 (ear)은 '이얼'로 발음되기 때문에 이번 패턴에서 보도록 하겠다.

(ie), (y)의 경우, '이' 발음 이외에도 '아이'로 발음이 나기도 하며, '아이' 발음으로 나는 패턴은 '아이(ie, ign, igh, y)' 파트에서 따로 보도록 하겠다.

Fun fact 설명을 보면, 같은 형태를 가지고 있더라도, 발음이 두 개 이상일 수 있다는 것을 알 수 있을 것이다. 단어마다 발음을 파악해 나가는 것이 중요하다.

A woman is like a tea bag; you never know how strong it is until it's in hot water.

– Eleanor Roosevelt

Beginner Level (1)

sea   see   pea

sea   see   pea

sea   see   pea

pee   bee   free

pee   bee   free

pee   bee   free

flea   chief   field

flea   chief   field

flea   chief   field

Beginner Level (2)

n**ear** h**ear** f**ear**

n**ear** h**ear** f**ear**

c**ear** r**ear** bab**y**

study sticky comfy

Intermediate Level

| stream | reason | family |

| appear | breathe | please |

| prophecy | believe | achieve |

Exercise

each appeal wheat

each *appeal* *wheat*

each *appeal* *wheat*

attendee employee beach

attendee *employee* *beach*

attendee *employee* *beach*

urgency relief shield

urgency *relief* *shield*

urgency *relief* *shield*

에 (e)
ea

이번 (ea)는 '에' 발음이 나는 패턴이다. 앞서 봤던 '이' 발음과 모양은 같지만 '에'로 발음해야 하는 단어들이고, 영어에서 '에' 발음이 나는 경우는 (ea)와 『e+자음』의 패턴밖에 없다. 이번 패턴에서는 (ea)에 해당하는 경우만을 다루도록 하겠다.

Beginner Level

head   dead   bread

deaf	death	health

deaf	death	health

tread	ready	spread

Intermediate Level

weapon | Jealous | breast

measure | feather | leather

weather | instead | wealth

Exercise

| steady | sweat | treadmill |

steady *sweat* *treadmill*

steady *sweat* *treadmill*

| dealt | meant | heavy |

dealt *meant* *heavy*

dealt *meant* *heavy*

| pleasure | breakfast | treachery |

pleasure *breakfast* *treachery*

pleasure *breakfast* *treachery*

아이 (aɪ)
ie, y, igh, ign

(ie), (y), (igh), (ign)는 '아이'로 발음이 나는 패턴이다.

(ie)와 (y)는 앞에서 본 바와 같이 '이' 발음이 나기도 하며, (ie) 패턴이 '아이'로 발음이 나는 경우는 die, pie, lie, tie 이 네 가지로 생각하면 된다. 그렇기 때문에 더 이상 이번 패턴에서는 다루지 않겠다.

(y)가 '아이'로 발음 날 땐, '이'와 다르게 발음에 강조가 될 때이다. 이를 통해 (y)가 '아이'로 발음되는지, '이'로 발음되는지 구별하기는 쉽지 않지만, 역으로 '아이'라고 발음할 땐 강하게 발음해야 한다는 것을 알 수 있다.

(igh)은 앞서 (eigh)에서 연습한 것과 마찬가지로, (gh)가 발음이 안 되고, 단독적으로 (i)만 남게 된다. (ign)도 (g)가 발음되지 않는 건 똑같다. 하지만, 맨 끝의 (n)은 발음을 하여 (아인)이라고 읽어야 한다.

Darkness cannot drive out darkness: only light can do that.
Hate cannot drive out hate: only love can do that.

– Martin Luther King Jr.

Beginner Level

sign　　　　　　　sigh　　　　　　　sight

might　　　　　　light　　　　　　thigh

by　　　　　　　cry　　　　　　　sky

Intermediate Level

apply		cycle		supply

apply		cycle		supply

slight		fright		dynamic

slight		fright		dynamic

satisfy		analyze		psychology

satisfy		analyze		psychology

Exercise

des**ign** al**ign** h**i**gh

st**y**le t**y**pe t**igh**t

rh**y**me h**y**giene identif**y**

오우 (oʊ)
oa, oe, ow, ou, ol(l)

(oa), (oe), (ow), (ou), (ol)은 '오우'로 발음되는 패턴이다.

한국어 발음과 달리, 영어에서는 '오우' 발음과 '오' 발음을 구분해야 한다. '오우'는 긴 발음이고 '오'는 짧은 발음이며, '오'에 관한 예제(au, aw 등)는 이후에 따로 보도록 한다. 즉, 이번 패턴에서 연습할 단어들은 음을 끊지 말고 길게 끌어서 발음하길 바란다.

이외에 주의할 점을 몇 가지 보도록 하면,

   1) 모음 (o)는 특히 다른 모음과 달리 'l'이나 동일한 자음이 두 개(ss 혹은 ll)가 연속으로 붙는 경우에 길게 발음해야 한다.

   2) (ow)의 경우 '오우'라고 발음되는 패턴 이외에도 '아우'라고 발음되는 경우가 있다.

   3) (ou)의 경우 '오우'를 포함하여 다양하게 발음될 수 있으나, 보통 '아우'라고 발음되는 경우가 많다.

그렇기 때문에 뒤에 (ow)와 (ou)의 '아우' 발음만을 엮어서 간단히 다시 보도록 하고, 이 패턴에서는 '오우' 발음에 집중해서 보도록 하겠다.

In three words I can sum up everything I've learned about life: it goes on.

– Robert Frost

Beginner Level (1)

coat

toad

goal

road

soap

Joe

goes

old

gold

Beginner Level (2)

known   poll   toll

soul   owe   grow

flow   bowl   elbow

Intermediate Level

c**oa**st   pot**atoes**   contr**ol**

charc**oal**   appr**oa**ch   th**ou**gh

sh**ou**lder   borr**ow**   tomorr**ow**

Exercise

b**oa**t

l**oa**d

t**oa**st

fell**ow**

gr**ow**th

wind**ow**

s**ol**dier

d**ough**

alth**ough**

아우 (aʊ)
ou, ow

이번 패턴은 '아우' 발음이 나는 패턴으로 영어에서 '아우'라는 발음은 (ou)와 (ow)가 대표적이다.
다음 단어들을 보며, 발음을 연습해 보자.

The house is a castle which the King cannot enter.
– Ralph Waldo Emerson

Beginner Level

out about count

doubt sound now

how brown power

Intermediate Level

allow　　　　　　　　　counsel　　　　　　　　　browse

allow　　　　　　　　　counsel　　　　　　　　　browse

eyebrow　　　　　　　　announce　　　　　　　　boundary

profound　　　　　　　　powder　　　　　　　　　background

Exercise

owl　　　　　　　　　　clown　　　　　　　　　　account

owl　　　　　　　　　　clown　　　　　　　　　　account

around　　　　　　　　scout　　　　　　　　　　downstairs

around　　　　　　　　scout　　　　　　　　　　downstairs

thousand　　　　　　　council　　　　　　　　　encounter

thousand　　　　　　　council　　　　　　　　　encounter

어 (ɔː)
al(l), aw, au, ough

(al), (aw), (au), (ough)는 '어'로 발음되는 패턴이다. 앞서 설명했듯, '오우'와 달리 짧게 '어'로 발음이 되는 게 특징이다. 다음 단어들을 보며, 발음을 연습해 보자.

(ough)는 사실 발음이 상당히 다양하다. 어(ɔː) 발음이 가장 많이 사용되지만, 이 외에도 오우(oʊ), 우(uː), 어프(ʌf, ɒf), 아우(aʊ) 등 단어마다 다르게 발음된다. 다음 단어들을 통해, (ough)의 다양한 발음도 알아보도록 하자.

오우(oʊ) : dough, though, thorough, although

우(uː) : through

어프(ʌf, ɒf) : enough, rough, tough, cough

아우(aʊ) : drought, doughty

A friend is someone who knows all about you and still loves you.

– Elbert Hubbard

Beginner Level (1)

law   saw   raw

straw   hawk   cause

pause   lawn   prawn

Beginner Level (2)

talk   walk   salt

talk   *walk*   *salt*

talk   *walk*   *salt*

false   all   ball

false   *all*   *ball*

false   *all*   *ball*

call   small   ought

call   *small*   *ought*

call   *small*   *ought*

Intermediate Level

already   **al**most   **au**ction

automatic   **au**tomobile   l**au**nch

awkward   br**ough**t   th**ough**t

Chapter 6. 긴 모음(long vowel)과 삼중음 모음(Vowel Trigraph)

Exercise

m**all**   **al**ways   cr**aw**l

auburn   **aw**esome   s**ough**t

f**ough**t   d**au**ghter   **au**thentic

(짧은) 우 (ʊ)
oo, u

(oo)와 (u)는 '(짧은) 우(ʊ)'에 해당하는 발음이다. 그렇다면 영어에는 짧고 긴 것을 발음으로 구분해야 하는 것일까? 맞다. 영어의 개념에는 '(짧은) 우(ʊ)'와 '(긴) 우(uː)'가 존재한다.

이외에도 앞서 본 모음들의 설명을 잘 보다 보면, 긴 발음과 짧은 발음으로 구분하고 있는 것을 발견할 수 있을 것이다. (a)의 경우 짧게 발음하면 '애'로 발음했으며, 길게 발음하면 '에이'로 발음한 것도 긴 발음과 짧은 발음의 한 예이다.

> **Fun fact** 앞서 '오우', '아우'의 발음을 가졌던 'ou' 발음은 아주 가끔 '(짧은) 우'로 발음되기도 한다.
>
> **ex** could, should, would

A room without books is like a body without a soul.

— Marcus Tullius Cicero

Beginner Level

book　　　　　　　cook　　　　　　　foot

good　　　　　　　wood　　　　　　　bull

full　　　　　　　sugar　　　　　　　cushion

Exercise

look	wool	took

put	push	pull

butcher	whoops	stood

(긴) 우 (uː)
ue, ew, oo, ui

(ue), (ew), (oo), (ui) 발음도 '우'에 해당하는 발음이지만, 앞서 봤던 발음보다 더 길게 발음을 해 줘야 한다.

이 네 가지 경우 이외에도 (o)와 (u)가 단독적으로도 '(긴) 우' 발음을 내줄 때가 있기 때문에 이에 대한 예제도 같이 다루도록 하겠다.

(ue)와 (ew)는 '(긴) 우' 발음 이외에도 일반적으로 '유' 발음으로 많이 사용된다. '유' 발음은 다음 패턴에 간단히 보도록 하겠다.

Fun fact 앞서 '오우', '아우'의 발음을 가졌던 (ou) 발음은 아주 가끔 '(긴) 우'로 발음되기도 한다.

ex   you, soup, group, through

The fool doth think he is wise, but the wise man knows himself to be a fool.

– William Shakespeare

Beginner Level (1)

sue　　　　　　　　　blue　　　　　　　　　glue

true　　　　　　　　　suit　　　　　　　　　juice

blew　　　　　　　　　brew　　　　　　　　　chew

Beginner Level (2)

prove · lose · move

tomb · cool · food

noon · spoon · flu

Intermediate Level

bruise	cruise	threw

choose	snooker	snooze

include	shampoo	Liverpool

Exercise

fruit   lawsuit   movie

screw   loose   approve

scoop   truth   suitcase

유 (juː)
ue, ew, u

(ue)와 (ew)는 앞서 봤던 '(긴) 우' 발음 이외에도 '유' 발음으로 자주 사용된다.

이외에도 '유'로 발음될 수 있는 패턴은 (u) 단독으로 사용될 때, 『u-e』 구조일 때가 있다. 『u-e』 구조는 이미 모음 편에서 연습했기 때문에, (u) 단독을 포함해 (ue), (ew)에 대한 예제를 보도록 하겠다.

Success is not final, failure is not fatal: it is the courage to continue that counts.

− Winston S. Churchill

Beginner Level

cue   value   argue

stew   view   issue

fuel   human   unity

Intermediate Level

rescue   queue   revenue

nephew   skewer   continue

humour   student   union

Exercise

Cuba　　　　　　　　　new　　　　　　　　　curfew

Cuba　　　　　　　　　new　　　　　　　　　curfew

interview　　　　　　　tissue　　　　　　　　barbecue

virtue　　　　　　　　unique　　　　　　　　future

MEMO

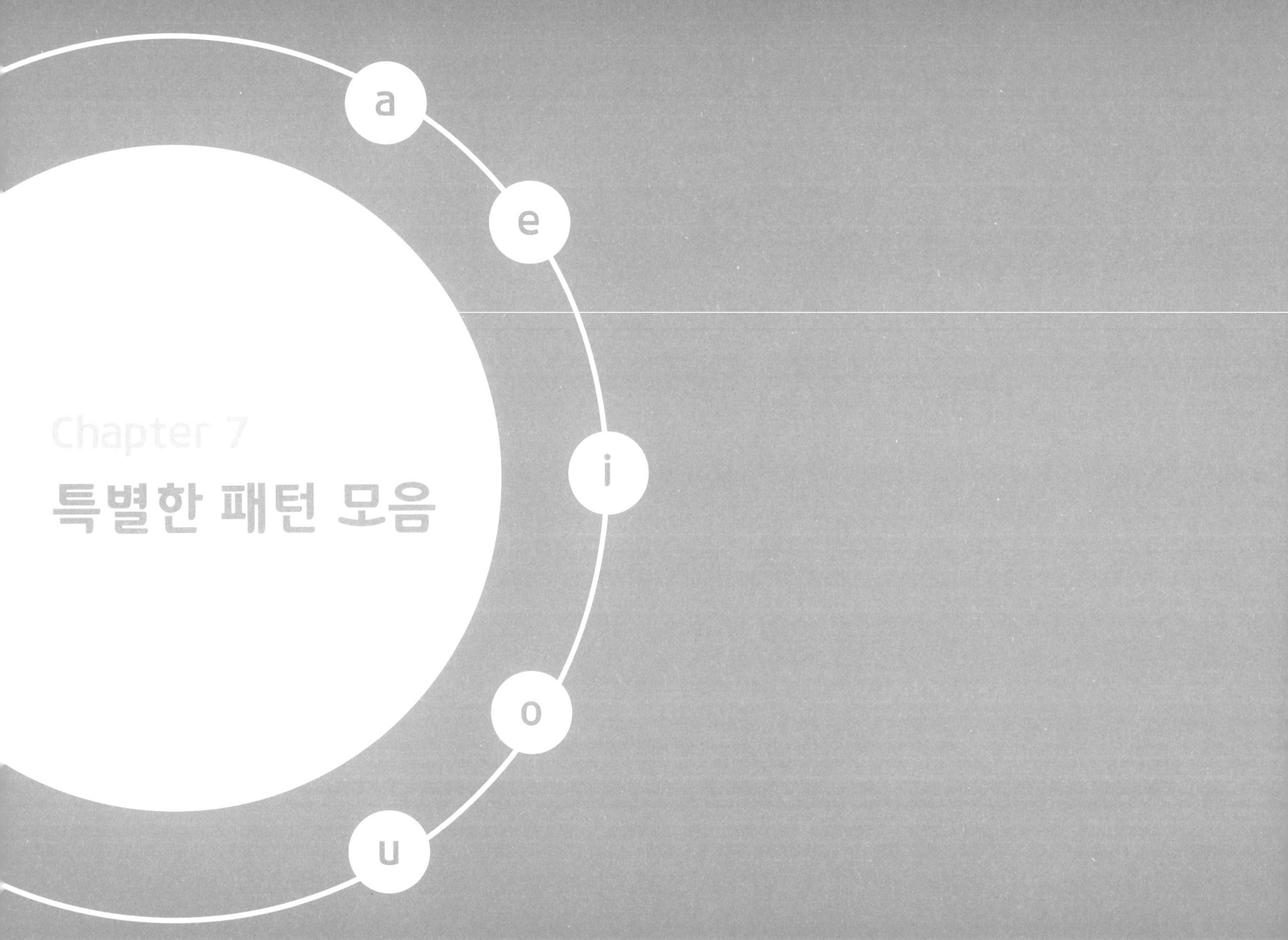

Chapter 7
특별한 패턴 모음

이번 챕터는 앞서 다루지 않은 특별한 패턴에 대해 다루겠다.

다음 패턴을 보고 따로 이해하고 발음하는 게 좋다.

R로 이루어진 패턴 (R-controlled vowels)
ar, er, ir, ur, ear, or

'R(r)'은 영어의 발음에서 특수한 역할을 맡고 있다. 위에서 배웠던 모음의 발음과 다르게, 각각의 모음 뒤에 위치하여 또 다른 하나의 발음이 완성된다.

1. ar : 알(ɑːr)

이 패턴에서 다룰 (ar)은 '알' 발음이다. 하지만, (ar)은 이외에도 '얼(ər)', '올(ɔːr)'의 발음들이 있다. 하지만 이 책에서는 너무 많은 발음을 다루기보다는 기본적인 발음에 집중하려고 한다. '얼'과 '올'에 대한 예제는 아래 간단히 보도록 하자.

얼(ər) ex) awkward, forward, popular, Richard, standard, calendar

올(ɔːr) ex) war, warm, warn, toward

2. er, ir, ur : 얼(ɜːr)

이 세 패턴은 다른 모음을 가지고 있지만, 동일한 발음을 가지고 있다.

3. or : 올(ɔːr) / 얼(ər)

(or)은 일반적으로 '올' 발음을 가지고 있지만, '얼'로 발음해야 하는 경우가 있다. 특히, 직업에 관한 단어들 중 일반적으로 붙여 주는 (-er)이 아닌 (-or)이 붙어 있는 경우 이는 전부 '얼'로 발음한다. 예로, director, doctor, mayor 등이다.

이는 이후 슈와 발음에서 더욱 자세히 소개하도록 하겠다.

Fun fact 미국식 영어에서는 (-or)로 쓰이지만, 영국식 영어에서는 (-our)로 쓰이는 단어들도 있다.

미국식 영어	영국식 영어
flavor	flavour
color	colour
harbor	harbour
behavior	behaviour
neighbor	neighbour

It is never too late to be what you might have been.

Beginner Level – ar

arm   art   car

card   start   part

guitar   Denmark   standard

Beginner Level – er, ir, ur / ear (1)

her   per   sir

her   per   sir

fur   firm   term

fur   firm   term

turn   earn   learn

turn   earn   learn

Intermediate Level – er, ir, ur / ear (2)

user		Herb		superb

dirty		heart		pearl

search		thirsty		Virginia

Beginner Level – or(올(ɔːr))

cork   fork   lord

short   storm   forum

border   forest   Florida

Beginner Level – or(얼(ər))

actor tutor author

senior junior editor

interior instructor opportunity

Exercise

| girl | shirt | confirm |

| disaster | harvest | market |

| florist | early | heard |

슈와 발음(schwa sounds, ə)

슈와 발음이란 모음을 짧고 아주 약하게, 그리고 강세를 주지 않고 발음하여, 모음이 거의 들리지 않게 하는 발음을 말한다. 기호로는 (ə)로 표기한다. 만약 단어를 읽다가 기존에 배운 발음과 다르게 짧고 약하게 발음된다면, 이 규칙이 적용된 것이다. 대표적인 예로는 again, vitamin, complete, occur, support, suggest, provide, produce 등이 있다.

이번 패턴에서는 위에서 배운 (ar), (er), (or)는 특히 슈와 발음이 적용이 많이 된다. 그래서 (r) 발음이 약해지고, 간단히 '어' 발음이 된다. 영국 특유의 끊어지는 발음이 여기서 발생하는 반면에, 미국 발음에서는 슈와 발음을 적용하지 않고, (r) 발음이 그대로 나는 경우가 많다. 이 때문에 발음과 영국 발음 사이에서 가장 심하게 차이가 나는 부분이기도 하다.

Fun fact 미국식 영어는 (-er)로 표기하는 단어들 중, 영국식 영어에서는 (-re)로 표기하는 단어들도 있다. 발음상에 차이는 없지만, 이런 단어들은 대부분 슈와 발음이다.

centre	theatre	litre
quatre	metre	fibre

Beginner Level (1)

away   err**or**   vend**or**

off**er**   fath**er**   matt**er**

lun**ar**   doll**ar**   popul**ar**

Beginner Level (2)

water   after   over

under   factor   effort

corner   monitor   similar

Intermediate Level

theory　　　　　　　　　temporary　　　　　　　　metaphor

character　　　　　　　　December　　　　　　　　manager

circular　　　　　　　　　grammar　　　　　　　　　necessary

Exercise

| silv**er** | numb**er** | mem**or**y |

| milit**ary** | profess**or** | consid**er** |

| rememb**er** | calend**ar** | muscul**ar** |

을

-le = -el

슈와 발음은 여러 패턴에 걸쳐 발음을 바꾼다. (-le), (-el) 또한 그러한 패턴 중 하나이다.

(-le) 발음은 한국어의 '을'과 비슷하다. 주의할 점은 (l) 발음이기 때문에 『Chapter 1-1. 조심해야 할 자음 비교』에서 설명한 바와 같이 혀끝을 앞니 뒤에 위치시키며 '을' 발음을 해 줘야 한다. (-le)은 단어에 따라 (-el)로 표기되는 경우도 있으나, 발음은 (-le)와 똑같이 하면 된다.

> **Fun fact**   (-el)은 일반적으로는 '엘' 발음으로 해야 한다. 하지만, 슈와 발음 때문에 이번 패턴과 같이 '을' 발음이 될 때도 있고, 몇몇 경우에서 '얼' 발음으로 될 때도 있다.

ex   fuel, towel, Michael

I hope she'll be a fool.
That's the best thing a girl can be in this world, a beautiful little fool.

– F. Scoot Fitzgerald, From The Great Gatsby

Beginner Level

a**ble**	ca**ble**	mid**dle**

ea**gle**	cir**cle**	ba**gel**

tra**vel**	ves**sel**	cha**pel**

Intermediate Level

struggle   shuffle   tackle

giggle   trouble   sentinel

channel   cancel   available

Exercise

ta**ble**　　　　　sta**ble**　　　　　bi**ble**

recy**cle**　　　　　obsta**cle**　　　　　par**cel**

nic**kel**　　　　　yo**del**　　　　　comforta**ble**

은
-en, -on, -an, -tain 등등

슈와 발음은 여러 패턴에 걸쳐 발음을 바꾼다. 이 패턴 또한 그러한 패턴 중 하나이다.

(-en), (-on), (-an), (-tain)은 주로 단어 끝에 위치하여 '은' 발음이 된다. 각 패턴의 모음은 슈와 발음이 적용되어, 모음 발음은 사라지고, 자음만이 남아 '은(n)'만 발음된다.

하지만 언제나 그러하듯, 슈와 발음이 적용되지 않는 단어들이 존재할 수도 있다. 혹은 (en-)이 단어 앞에 위치한 경우, '은' 발음이 아닌, '인' 발음으로 주로 발음이 되기도 한다. 'on'의 경우도 마찬가지로, 'con-'으로 단어의 앞에 위치한 경우, '큰'이 아닌, '컨'으로 발음이 된다.

> **Fun fact** 슈와 발음의 영향을 받는 패턴으로 '음'도 있다. bottom, freedom, maximum, random, system, mechanism 등 슈와 발음은 흔하게 발생한다. 하지만, 모든 패턴과 발음을 외우기보다는 접근 방식에 대해 서술하고 싶었기에, '음'은 다루지 않도록 하겠다.

Love is that condition in which the happiness of another person is essential to your own.

– Robert A. Heinlein, From Stranger in a Strange land

Beginner Level

Lond**on**   bac**on**   pers**on**

op**en**   paym**ent**   wom**an**

c**on**dition   cer**tain**   moun**tain**

Exercise

Lem**on**	mill**ion**	seas**on**

monum**ent**	sudd**en**	tight**en**

child**ren**	cur**tain**	foun**tain**

-tion, -sion

  (-tion), (-sion) 또한 슈와 발음의 영향을 받는 패턴 중 하나이다. 동사를 명사로 만들어 주는 접미사(suffix)로 사용되며, (-tion)은 (-sion)이라는 형태를 취하기도 한다.

  이 두 형태는 일반적으로 'ʃn (션)' 발음을 가지고 있다. 하지만 (-sion)의 경우, (s) 발음 때문에 'ʒn (젼)' 발음이 생기기도 한다. 그러므로 이번 패턴에서는 이 두 발음에 대해 연습하도록 하겠다.

I am enough of an artist to draw freely upon my imagination.
Imagination is more important than knowledge.
Knowledge is limited. Imagination encircles the world.

— Albert Einstein

Beginner Level – 3n(전)

vision   version   evasion

fusion   division   elusion

illusion   decision   inclusion

Beginner Level – ʃn(션)

mission   passion   expansion

session   nation   option

fiction   caution   correction

Exercise

television   conclusion   mansion

relation   position   revolution

population   imagination   introduction

dge

(dge)는 삼중음자로 모음 (g)에서 연습했던 '(짧은) 쥐' 발음이다. (dge) 앞에 각각의 모음을 붙여 (edge), (idge), (udge), (adge), (odge)의 형태가 있으며, 각각 '에쥐', '이쥐', '어쥐', '애쥐', '아쥐'로 발음된다.

물론 발음상 예외가 있을 수도 있으며, 'knowledge'의 'ledge'가 '레쥐'가 아닌 '리쥐'로 발음 나는 경우이다.

If you judge people, you have no time to love them.
– Mother Teresa

Beginner Level

edge　　　　　　　　　ledge　　　　　　　　　pledge

ridge　　　　　　　　　bridge　　　　　　　　　judge

nudge　　　　　　　　　badge　　　　　　　　　dodge

Exercise

lodge　　　　　　　　　fridge　　　　　　　　　porridge

budget　　　　　　　　grudge　　　　　　　　gadget

sledge　　　　　　　　cartridge　　　　　　　hedgehog

Stopping by Woods on a Snowy Evening

Robert Frost, 1923

Whose woods these are I think I know.

His house is in the village though;

He will not see me stopping here

To watch his woods fill up with snow.

My little horse must think it queer

To stop without a farmhouse near

Between the woods and frozen lake

The darkest evening of the year.

He gives his harness bells a shake

To ask if there is some mistake.

The only other sound's the sweep

Of easy wind and downy flake.

The woods are lovely, dark and deep.

But I have promises to keep,

And miles to go before I sleep,

And miles to go before I sleep.

Eldorado

Edgar Allan Poe, 1946

Gaily bedight,
　A gallant knight,
In sunshine and in shadow,
　Had journeyed long,
　Singing a song,
In search of Eldorado.

But he grew old—

This knight so bold—
And o'er his heart a shadow—
Fell as he found
No spot of ground
That looked like Eldorado.

And, as his strength
Failed him at length,
He met a pilgrim shadow—
'Shadow,' said he,

'Where can it be—
This land of Eldorado?'

'Over the Mountains
Of the Moon,
Down the Valley of the Shadow,
Ride, boldly ride,'
The shade replied,—
'If you seek for Eldorado!'